Seiichi Shirai Architect
Visions and Manipulations

白井晟一の
手と目

白井原多 編
SHIRAI Genta

鹿島出版会

祖父白井晟一は、創造に対する自らの反すう作業として、所員に意思を伝えるための手段として、無数のスケッチを描きとめていった。なかでも遺愛の草紙といえるのが、1962年ごろに計画された「芦屋山本邸」である。

断片的な1枚完結のスケッチが多いなかで、実現には至らなかったエスキス20枚あまりが丁寧に綴じられ、様相を異にしている。そこからは建築家の創造行為が直接的に表現されるさまと、計画への強い思いが、語りかけるかのように伝わってくる。

草紙が残されたアトリエNo.5は、ある画家のためのアトリエ兼住宅として白井晟一の設計により1952年に完成した。1966年ごろから70年ごろまでは白井自身が住まい、やがて長男彪弼の自宅としてまた研究所として、いまも大切に使われている筆者の生家である。

このアトリエNo.5に受け継がれる遺愛の品々を、絵草紙として綴じなおしたのが本書である。人間・白井晟一の手の痕跡、まなざしや息づかいを感じていただけるのではないだろうか。

白井原多

目　次

1. 草紙「芦屋山本邸」計画　1962年ごろ……05
2. 講演手稿「華道と建築―日本建築の伝統」 1950年……48
3. 樹種についての覚書　1975年ごろ……72
4. 日常の彩り……77
5. PHOTOGRAPH　1938〜40年……85
6. 解説　草紙「芦屋山本邸」計画……93

1.

草紙
「芦屋山本邸」計画
1962年ごろ

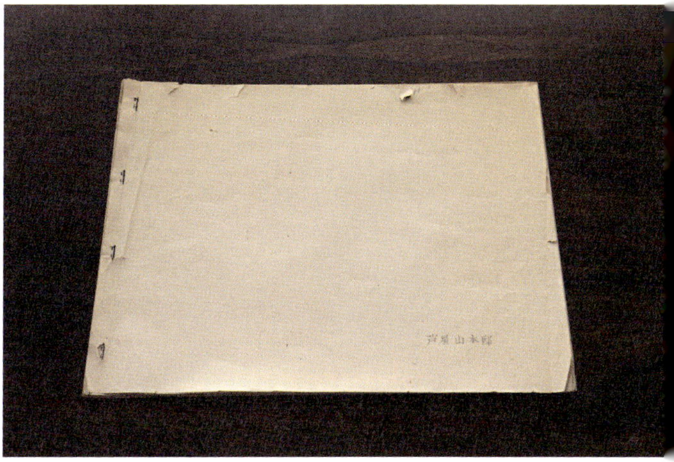

個人住宅計画の自筆スケッチ集。B4判サイズのわら半紙
19枚に表紙が付いてホチキスで綴じられ、ひとまわり小さな
トレーシングペーパー2枚のエスキスが挟まれている。

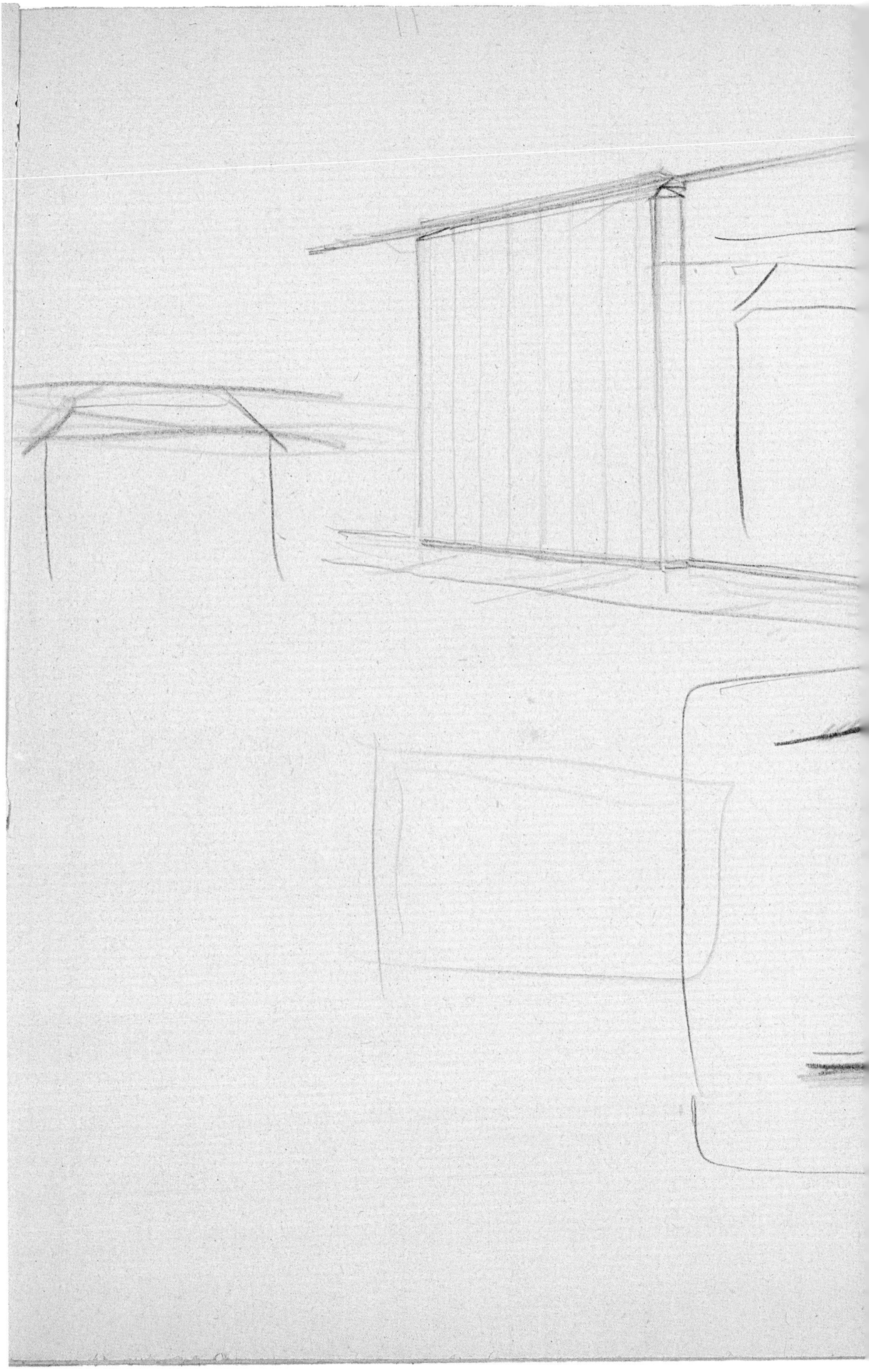

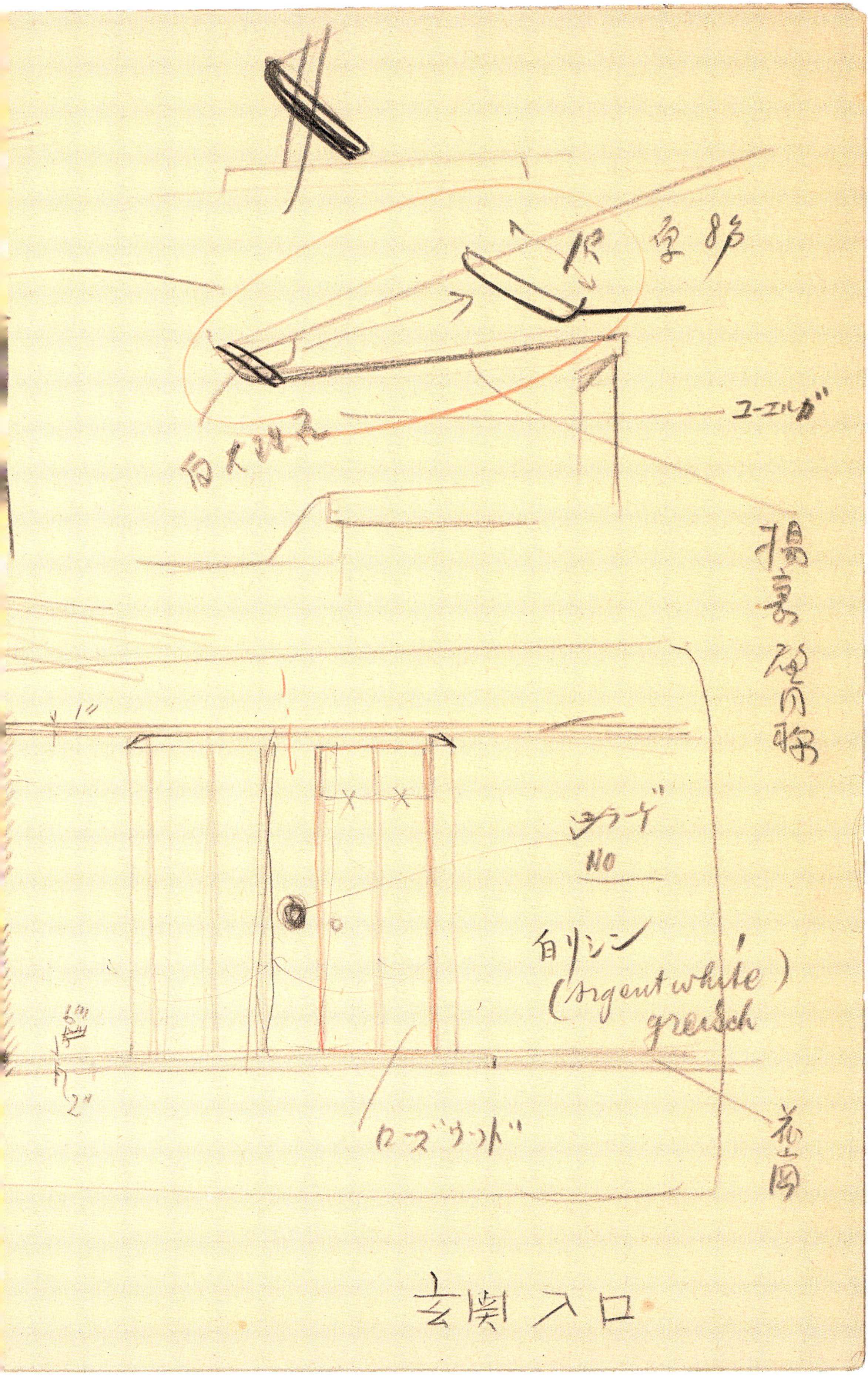

07

玄関－2

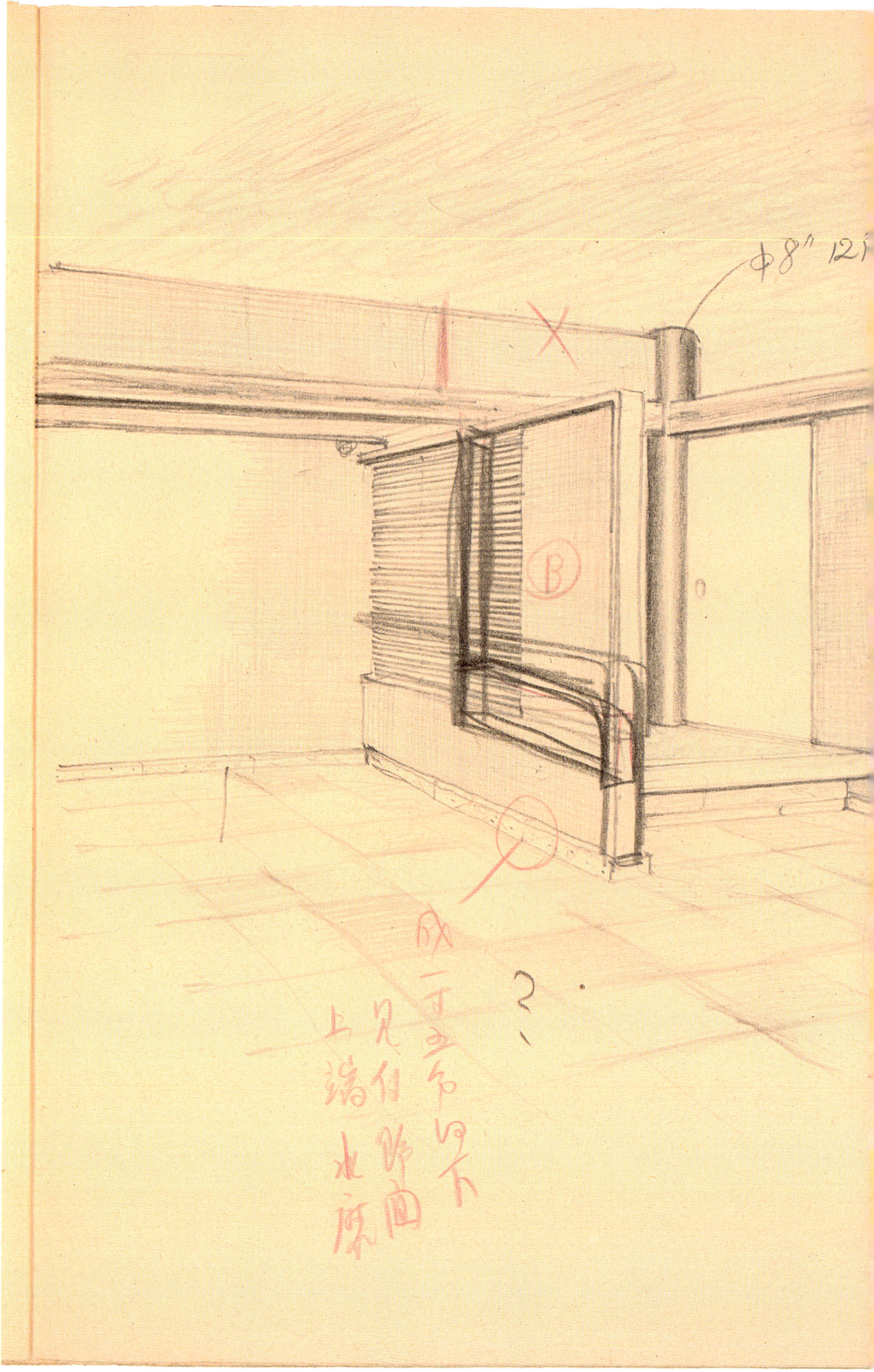
φ8"
B
成一寸五分以下
見付節面

玄関－1

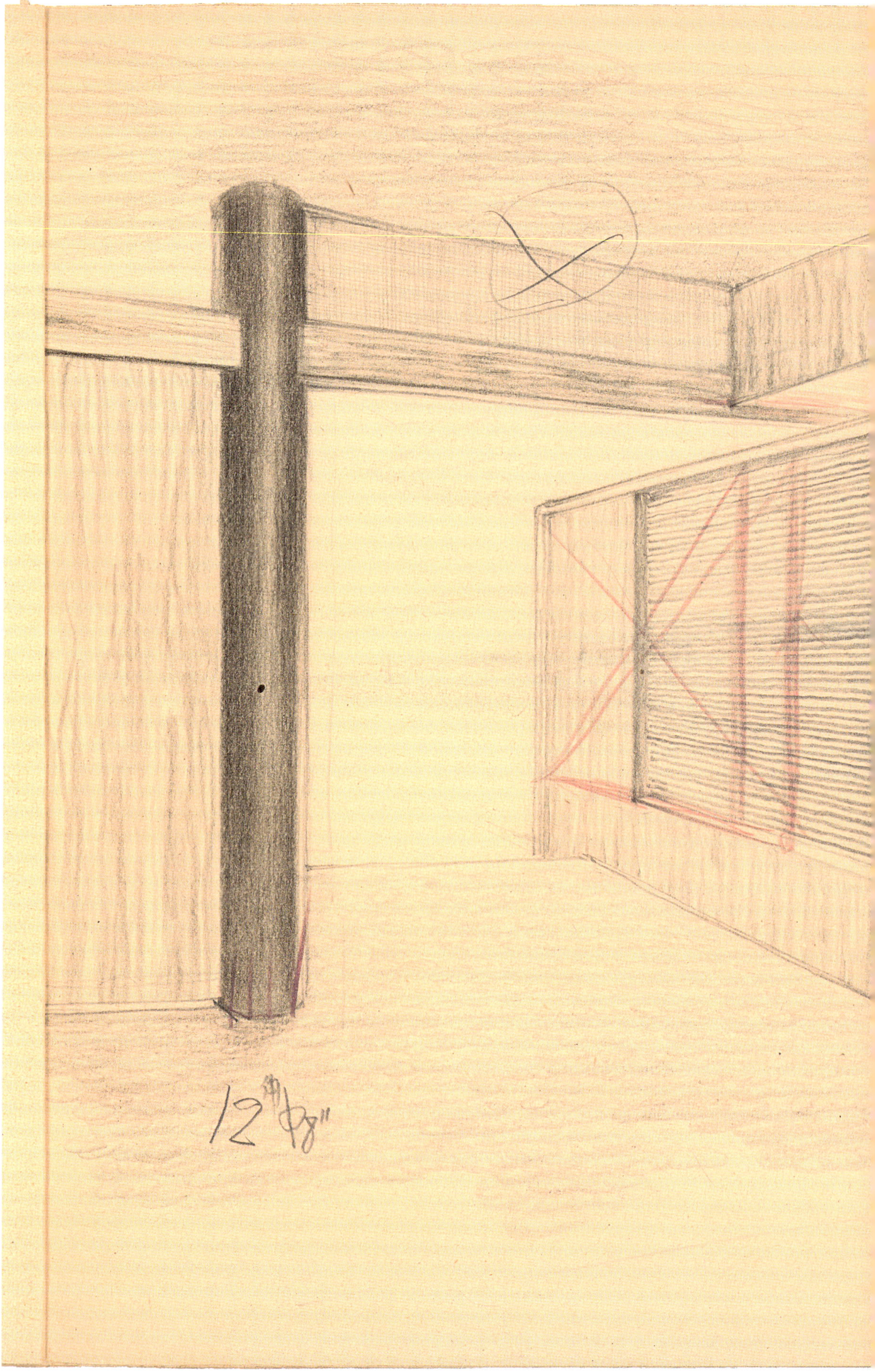

A
B
ホール

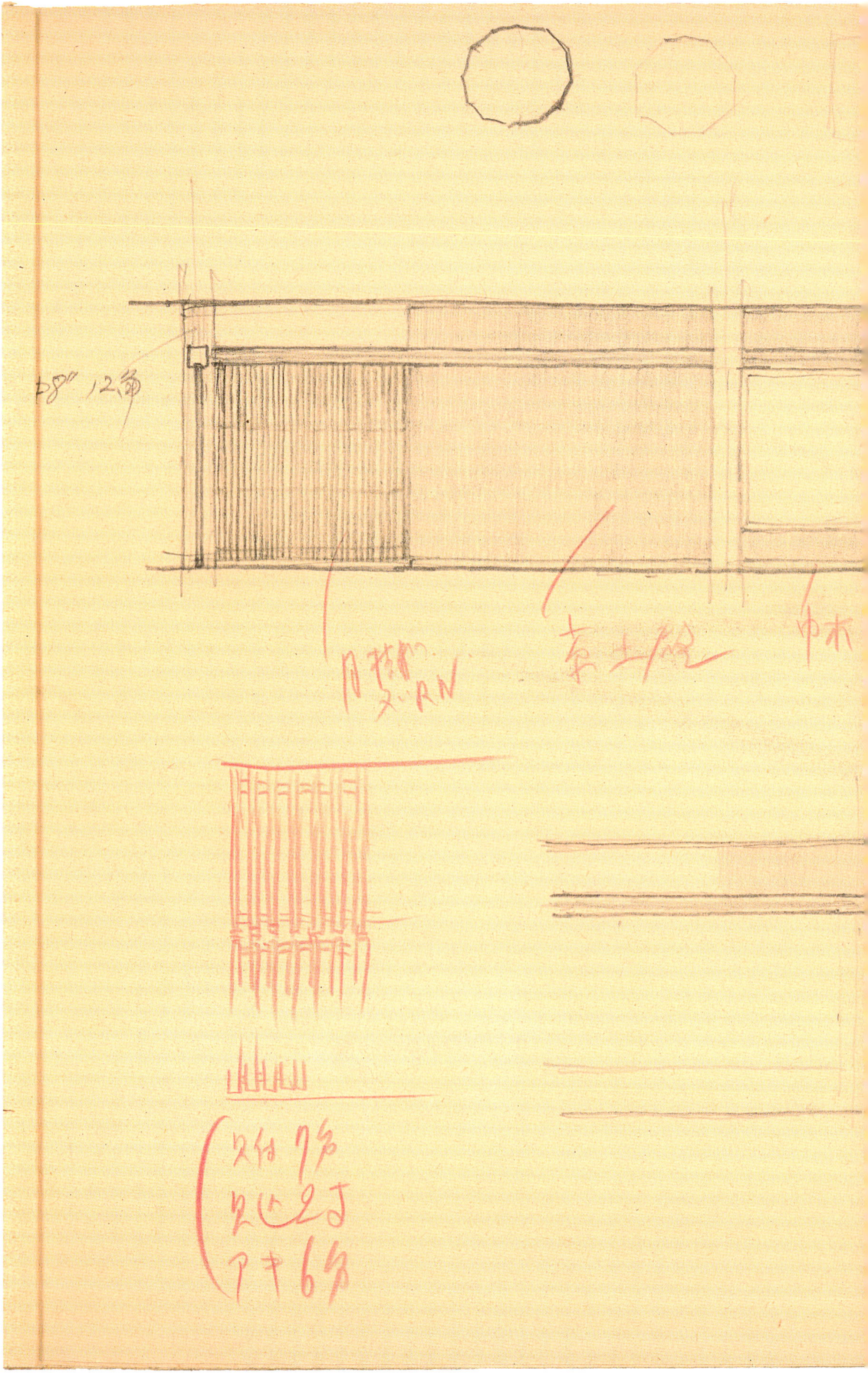
欠付 7分
欠込 2寸
アキ 6分

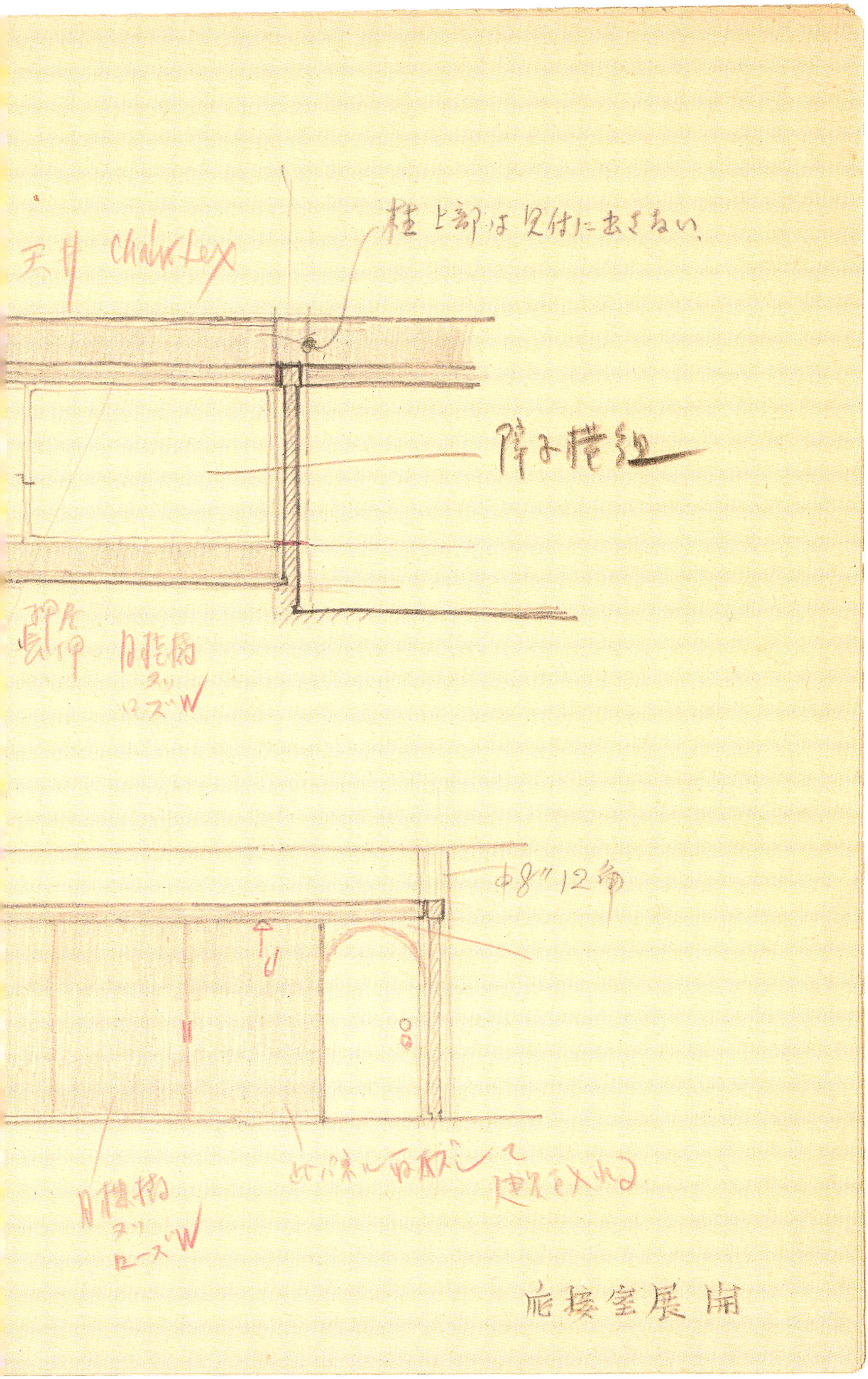
天井
柱上部は見付に出さない
応接室展開

12
腰障子

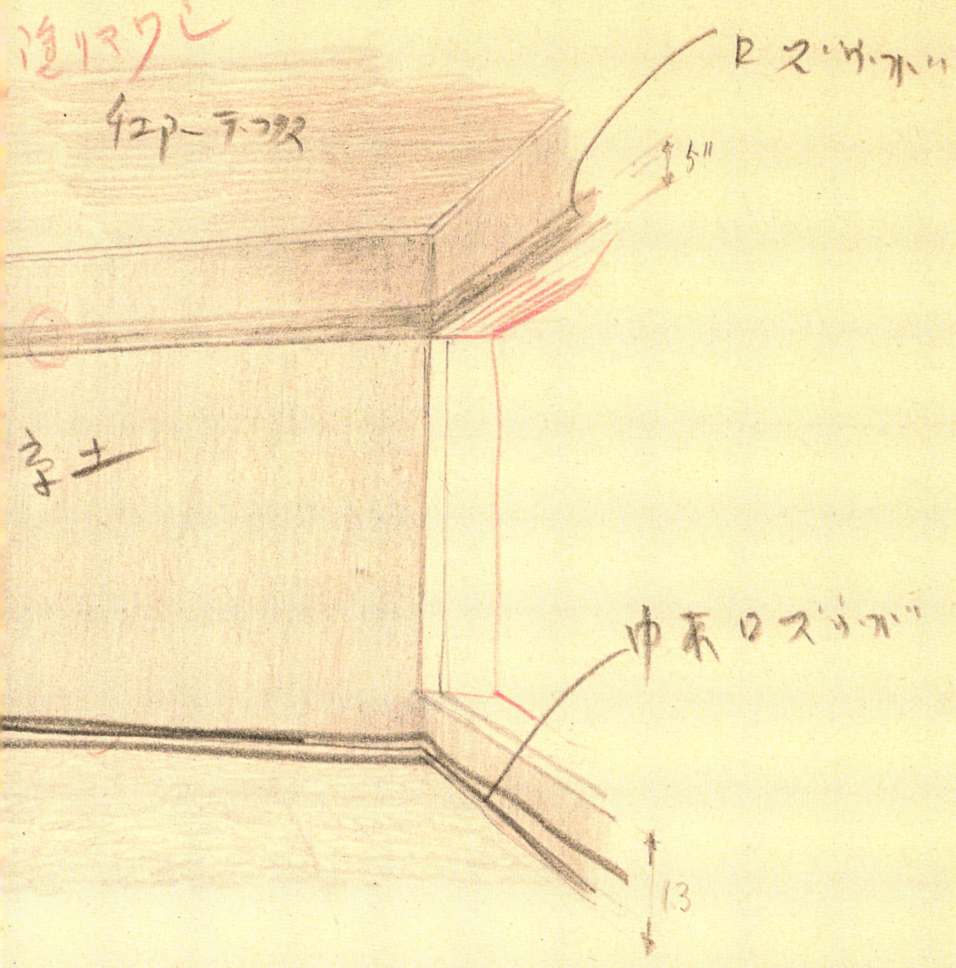

応接室

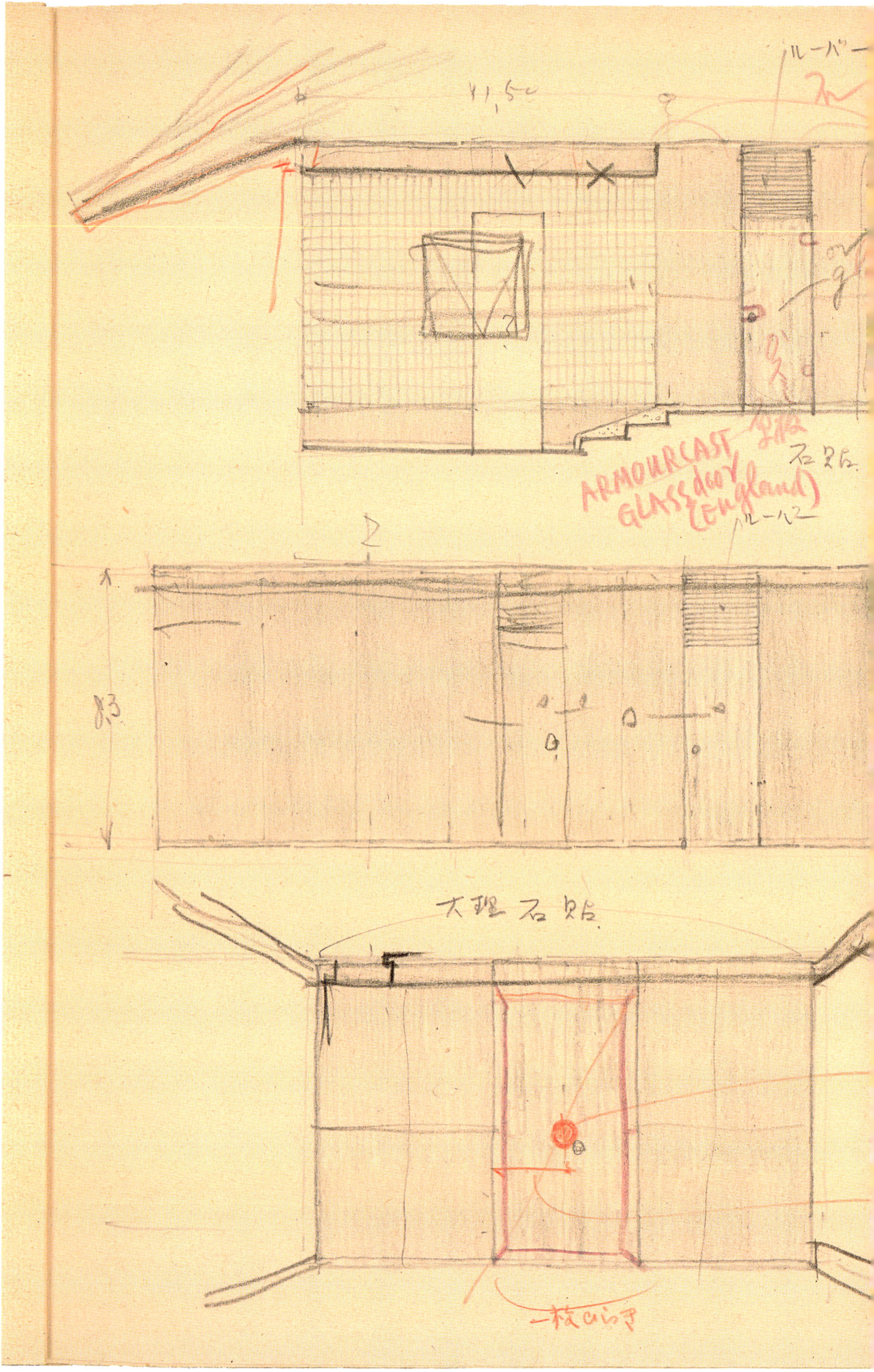

ルーバー
11,50
ARMOURCAST GLASS door (England)
石貼
ルーバー
83
大理石貼
一枚ひらき

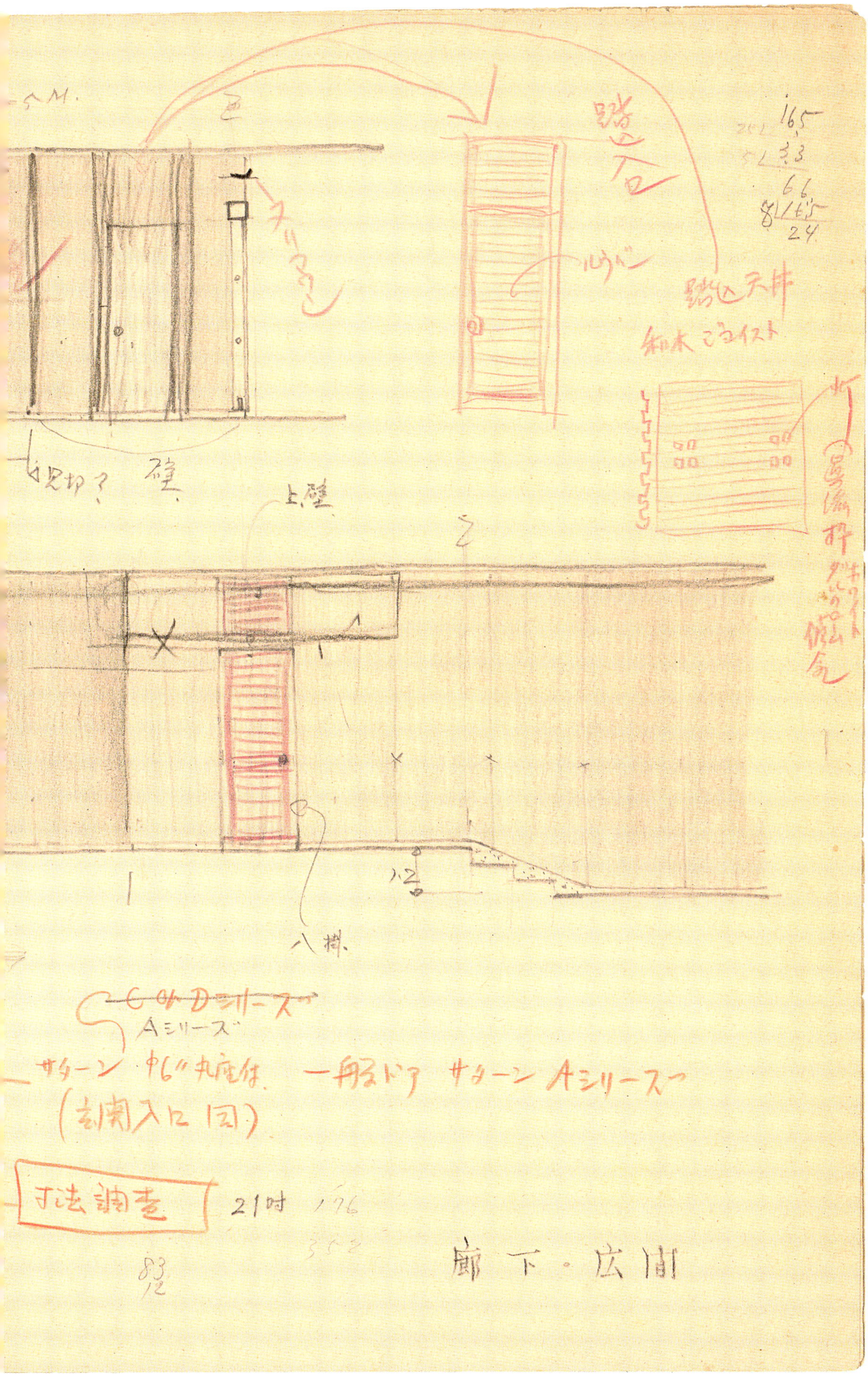
踏込
ルーバー
踏込天井
壁
上壁
八掛
Aシリーズ
サターン φ6"丸座付
一般ドア サターン Aシリーズ
(玄関入口 同)
寸法調査
21吋
廊下・広間

9"
大理石貼
1.40

ルーバー扉
ジュータン張りまわし
広間から廊下

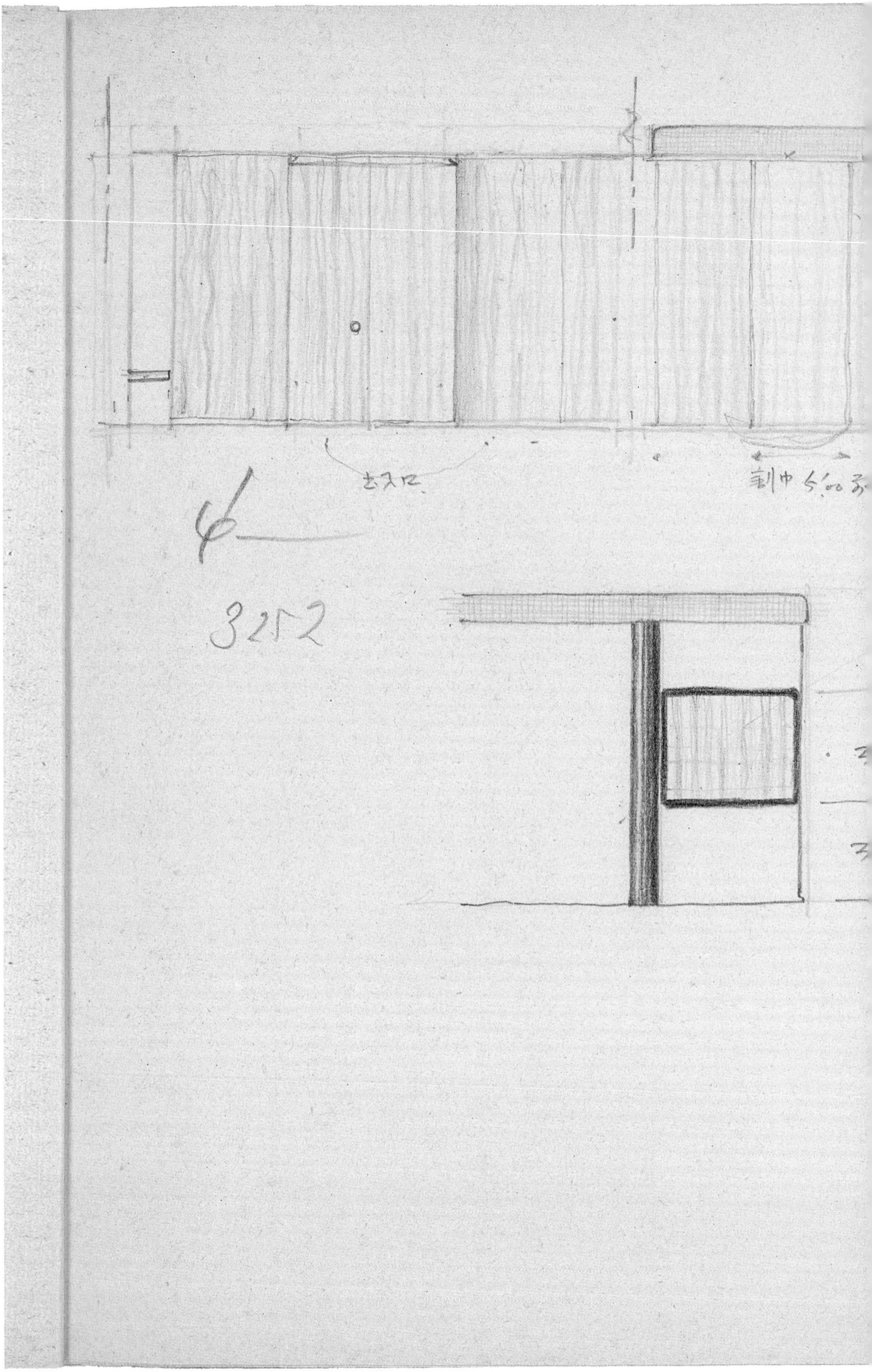
出入口
3252

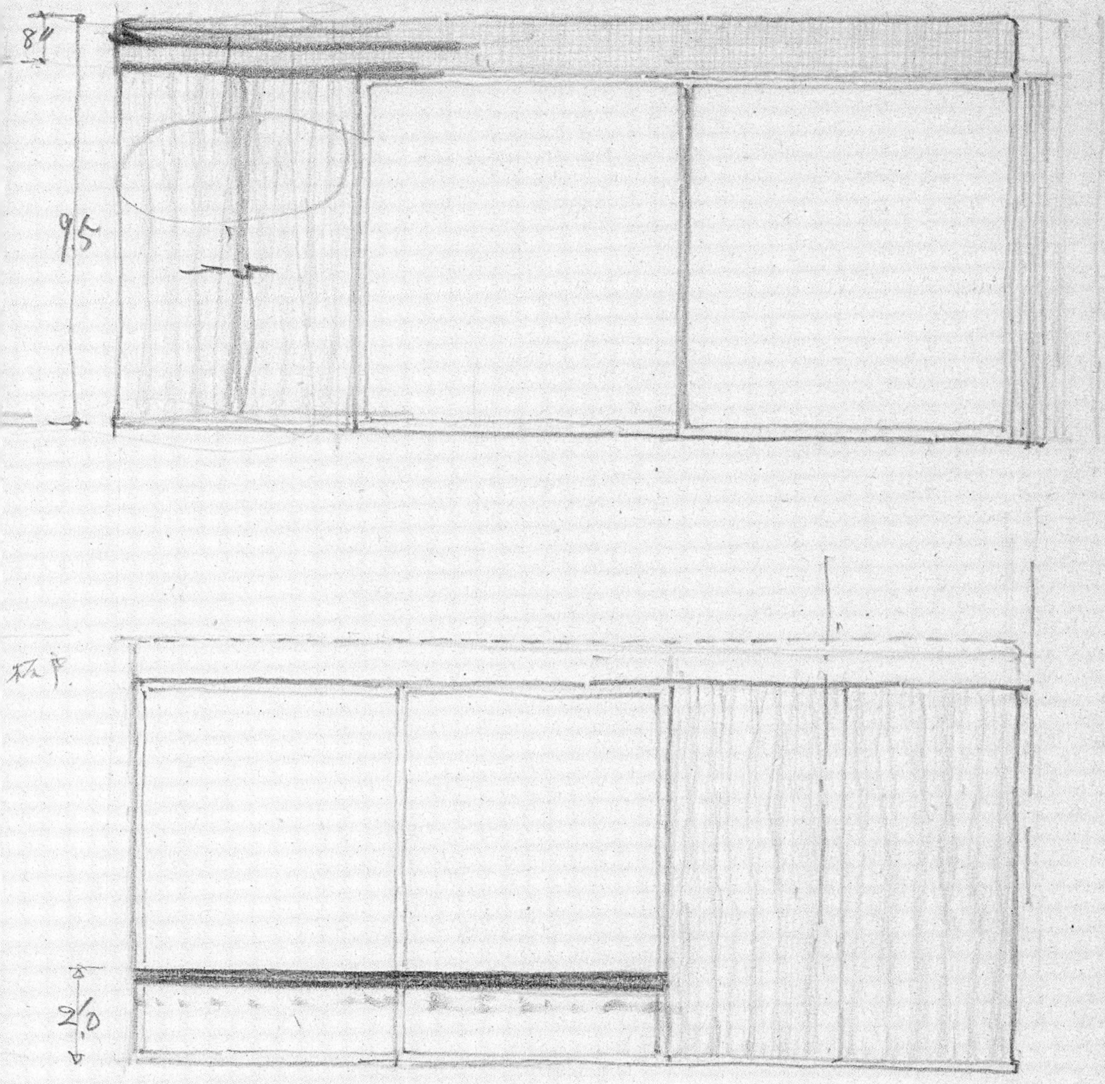

居間展開

ローズウッド
面一寸
ポリエステル黒
一寸三分見込し
見込一寸三分
下段
全ローズウッド

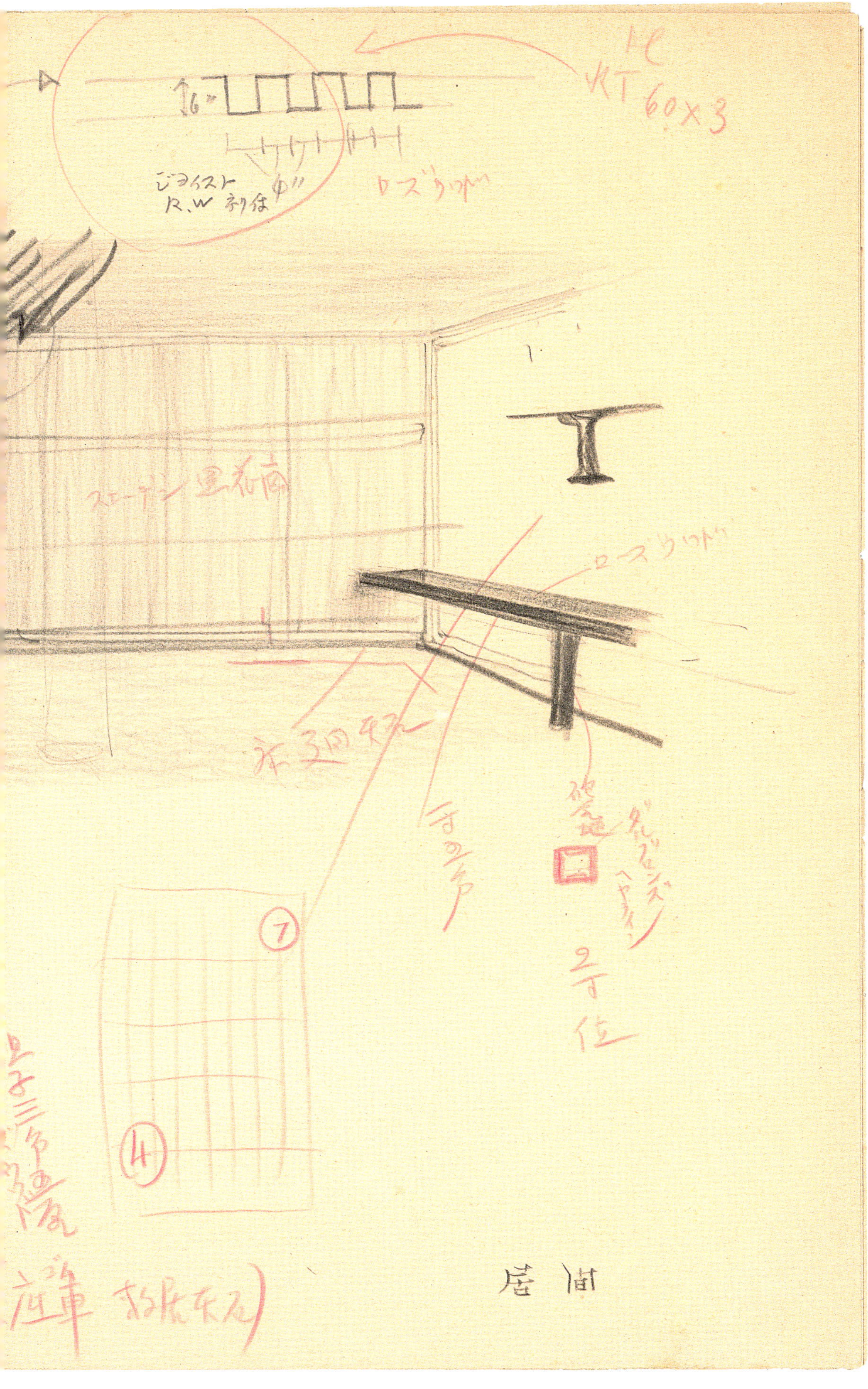

60×3
ローズウッド
ローズウッド
居間

RW
ジョイスト
下端
RW

RW
RW
12角
居間 入口側

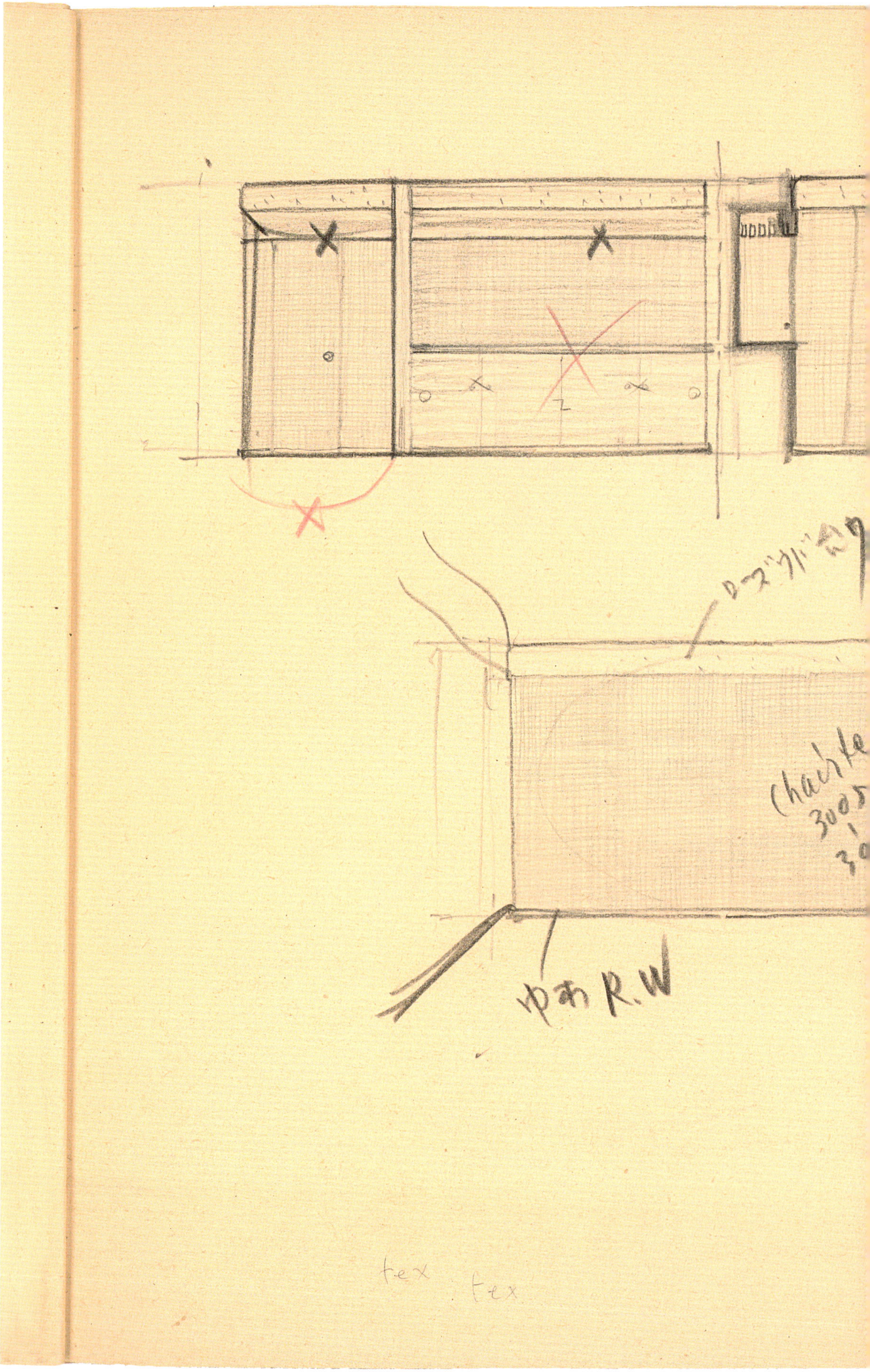
tex
tex

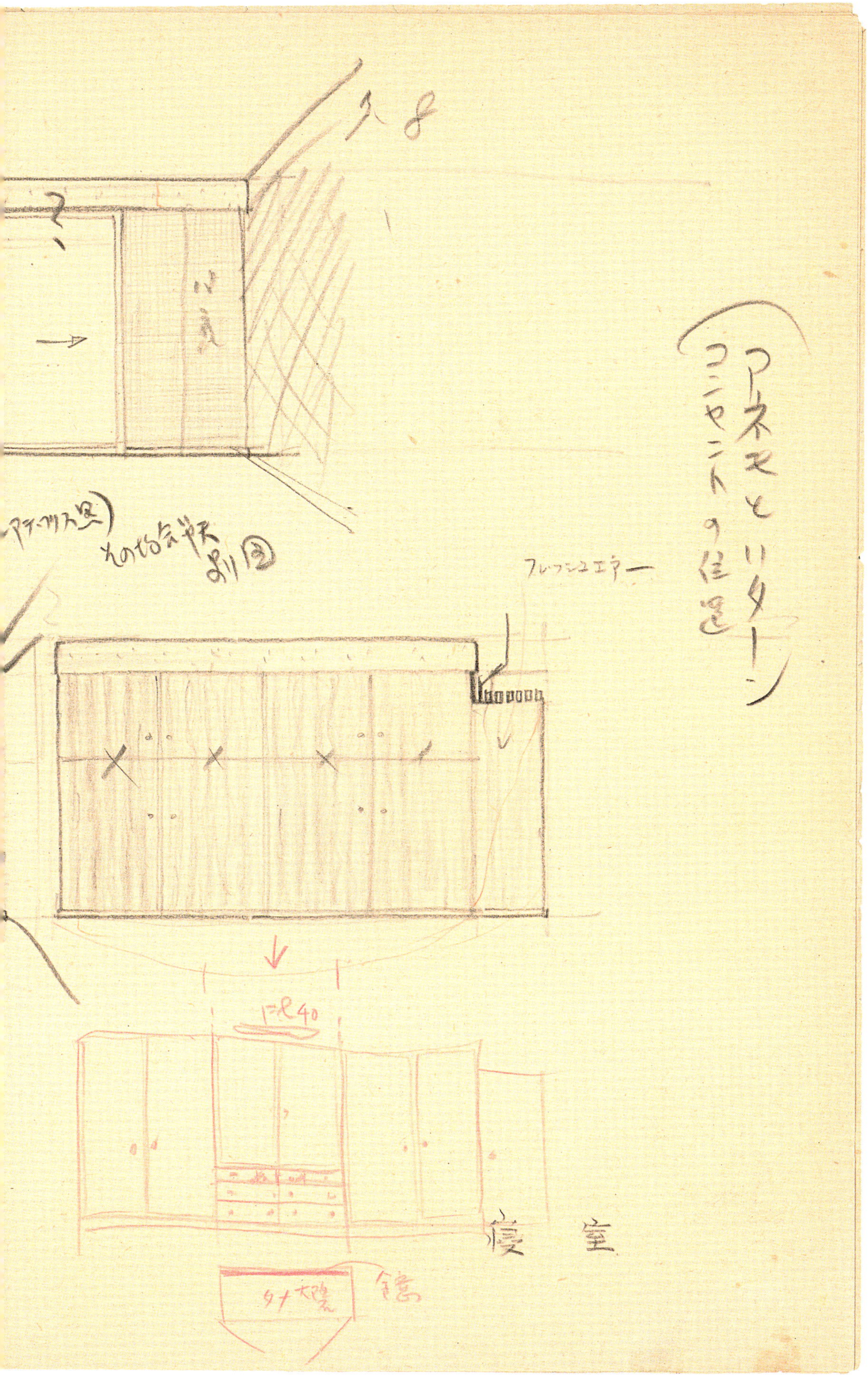
フレッシュエアー
寝室
鏡

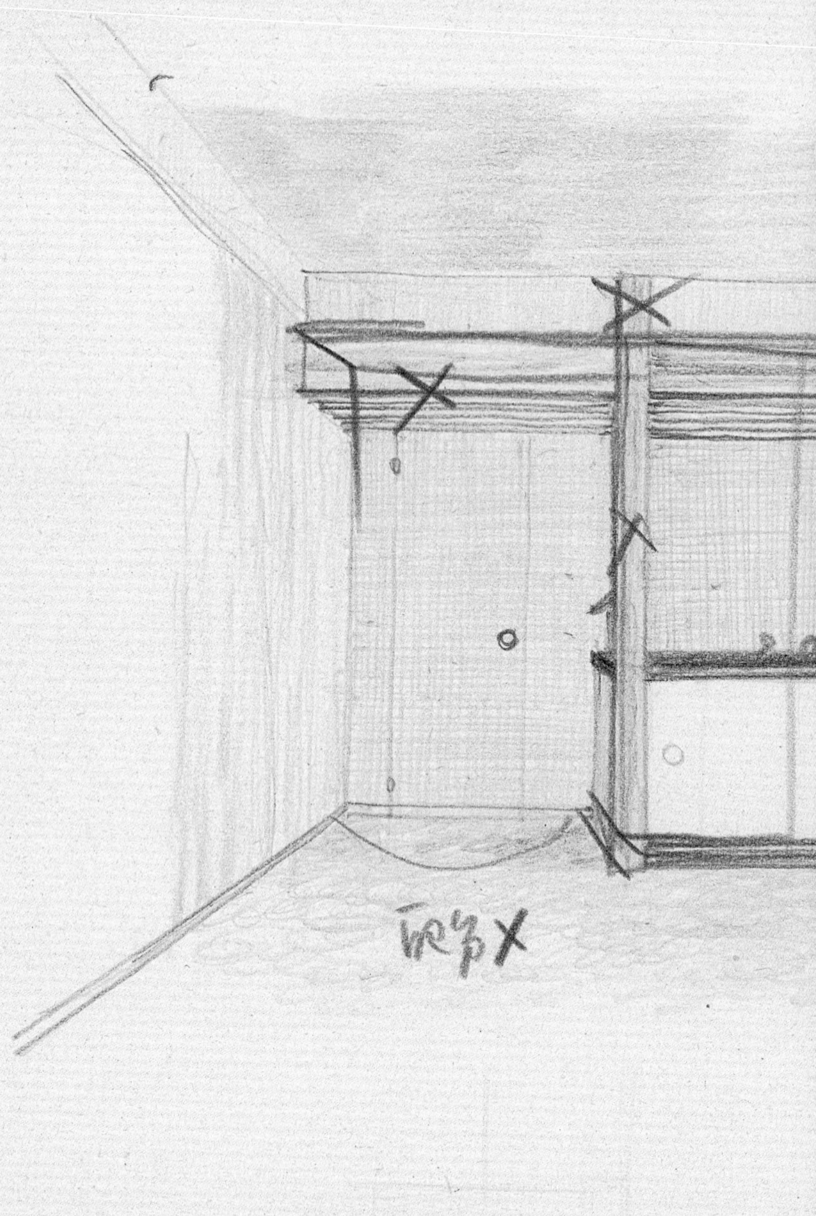

寝室

83
8
75
62
10
45
ダール 真鍮
乳白ガラス

48
12
6
16
3
48
73
62
12
食事室

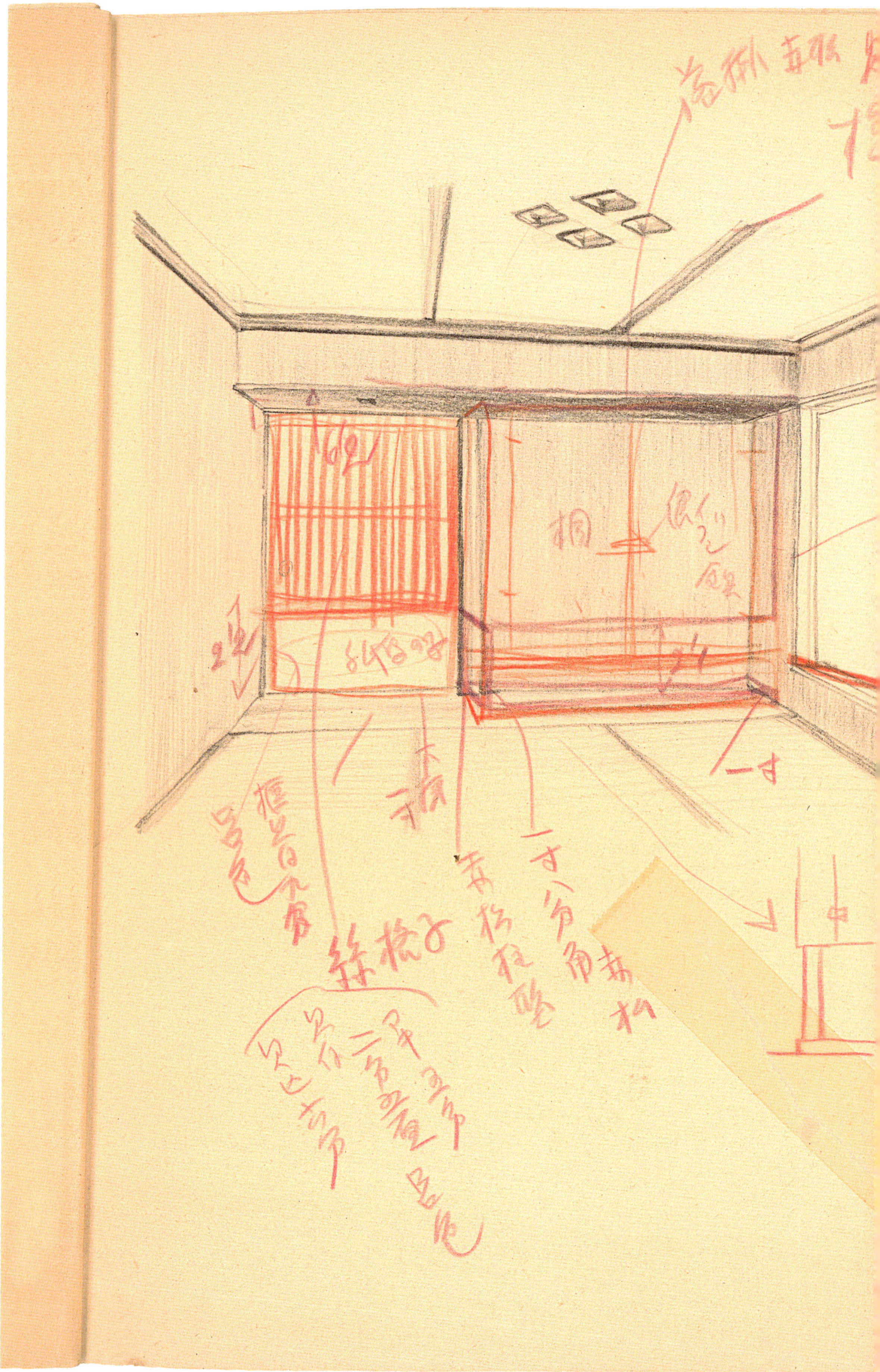
一寸
桐
糸格子

食事室

壁 布又は

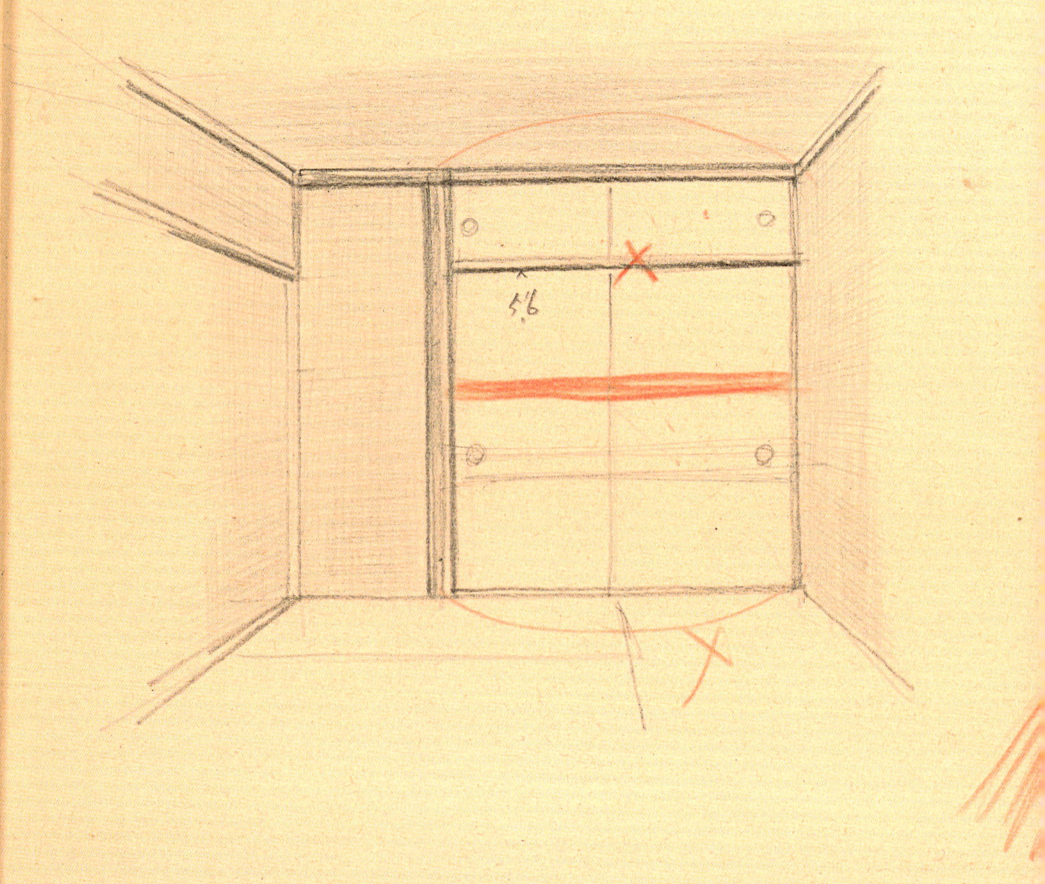
56

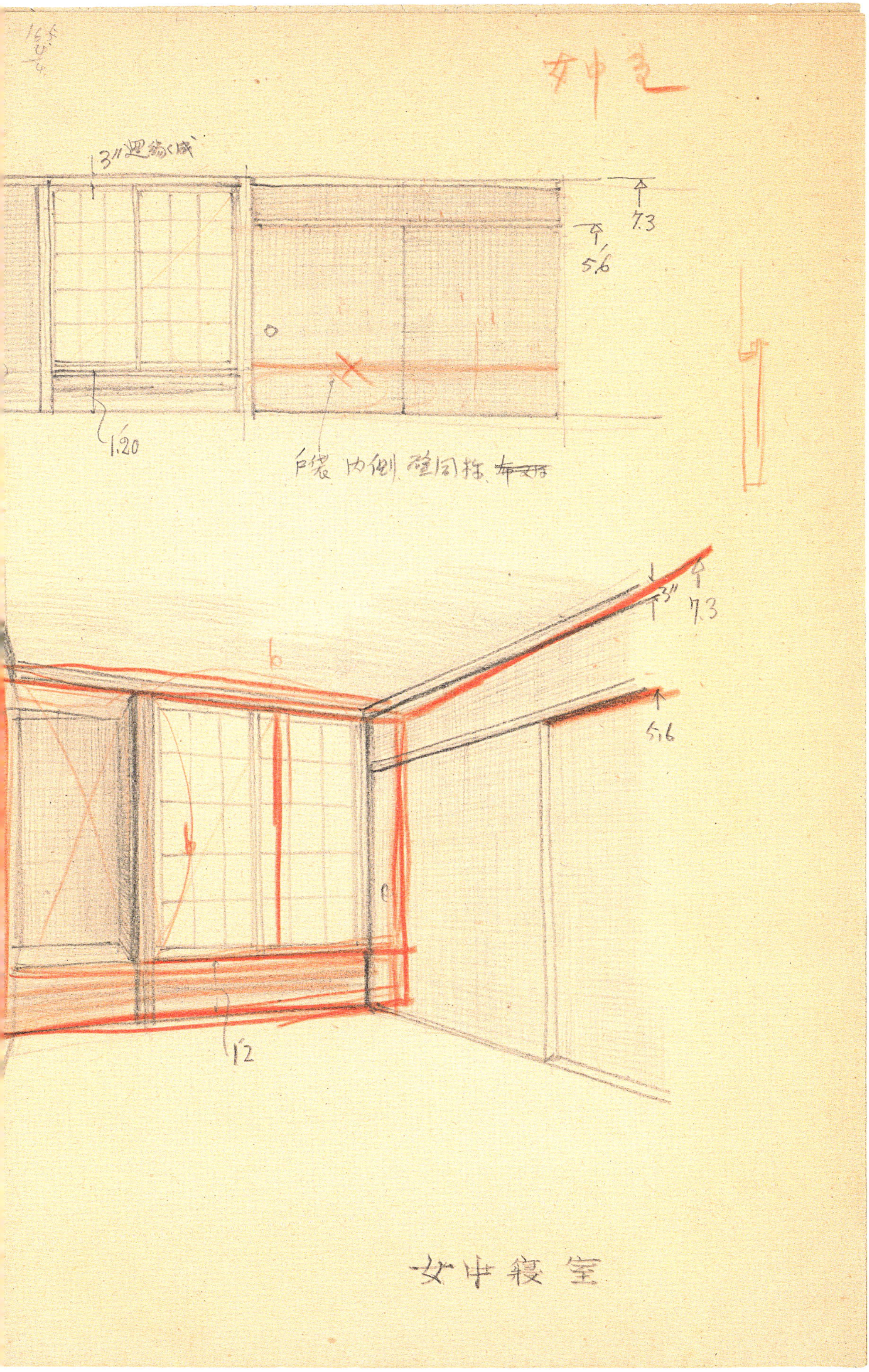
女中室
7.3
5.6
1.20
7.3
5.6
12
女中寝室

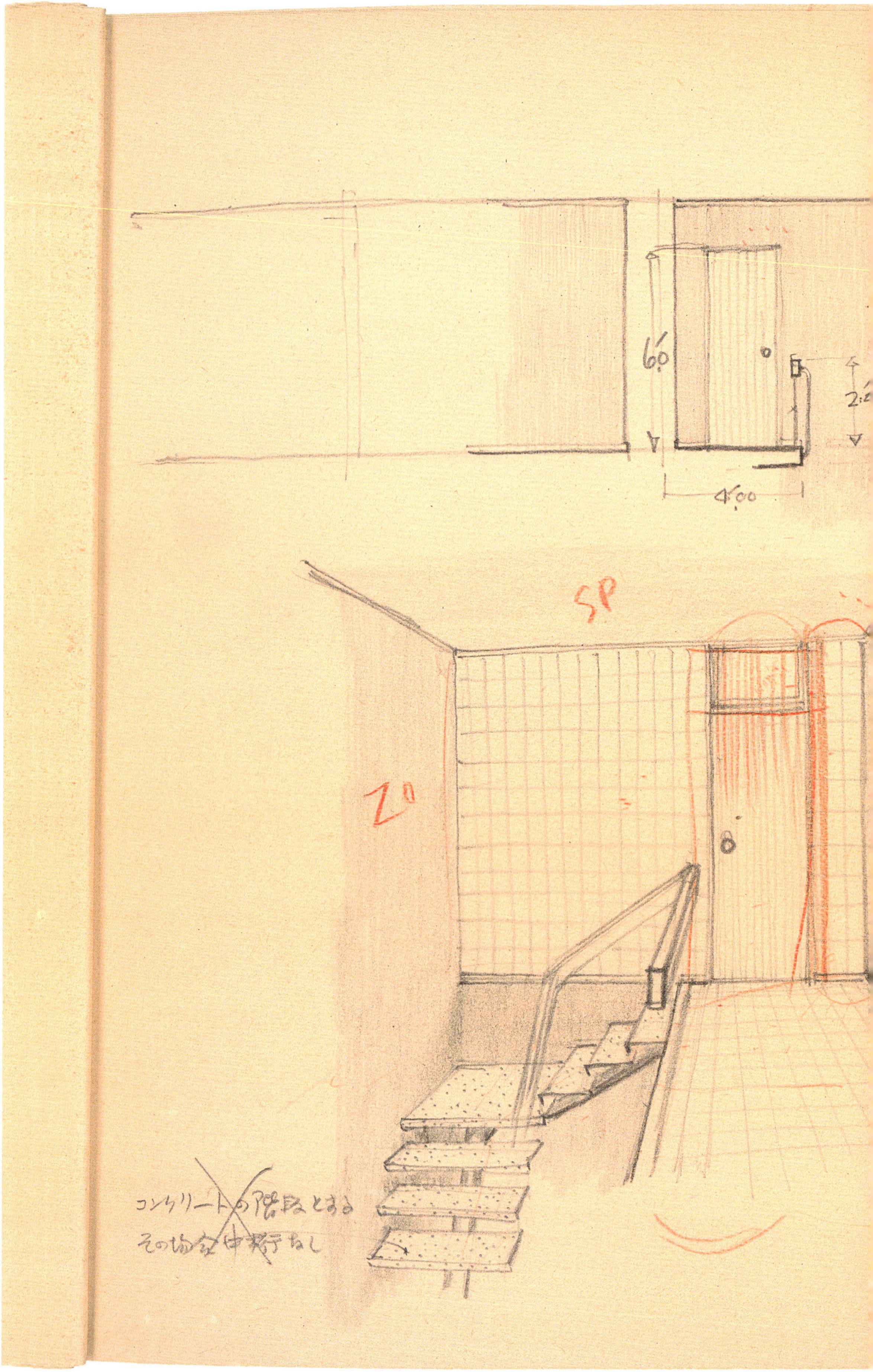
6.0
4.00
SP
Z0
コンクリートの階段とする
その場合中桁なし

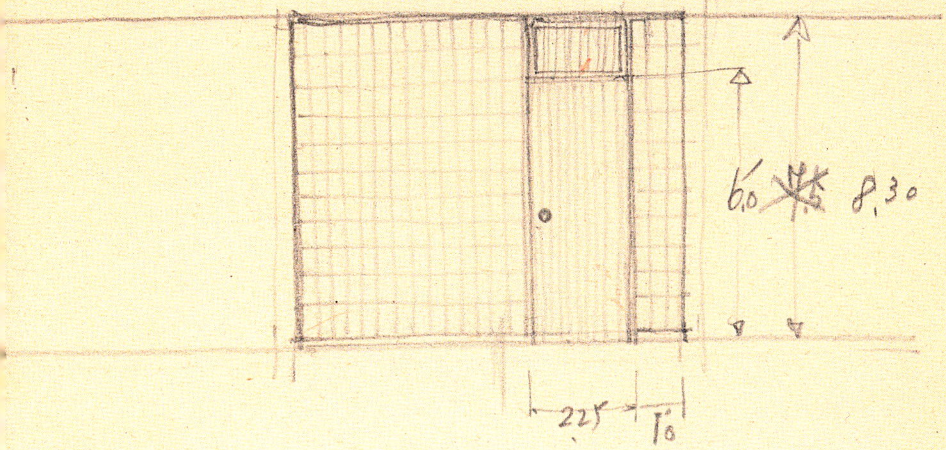

機械室上部

25
25
鏡
スウェーデン赤ミカゲ又は
イタリヤ トラバーチン
白大理石
木
6'0
アキ

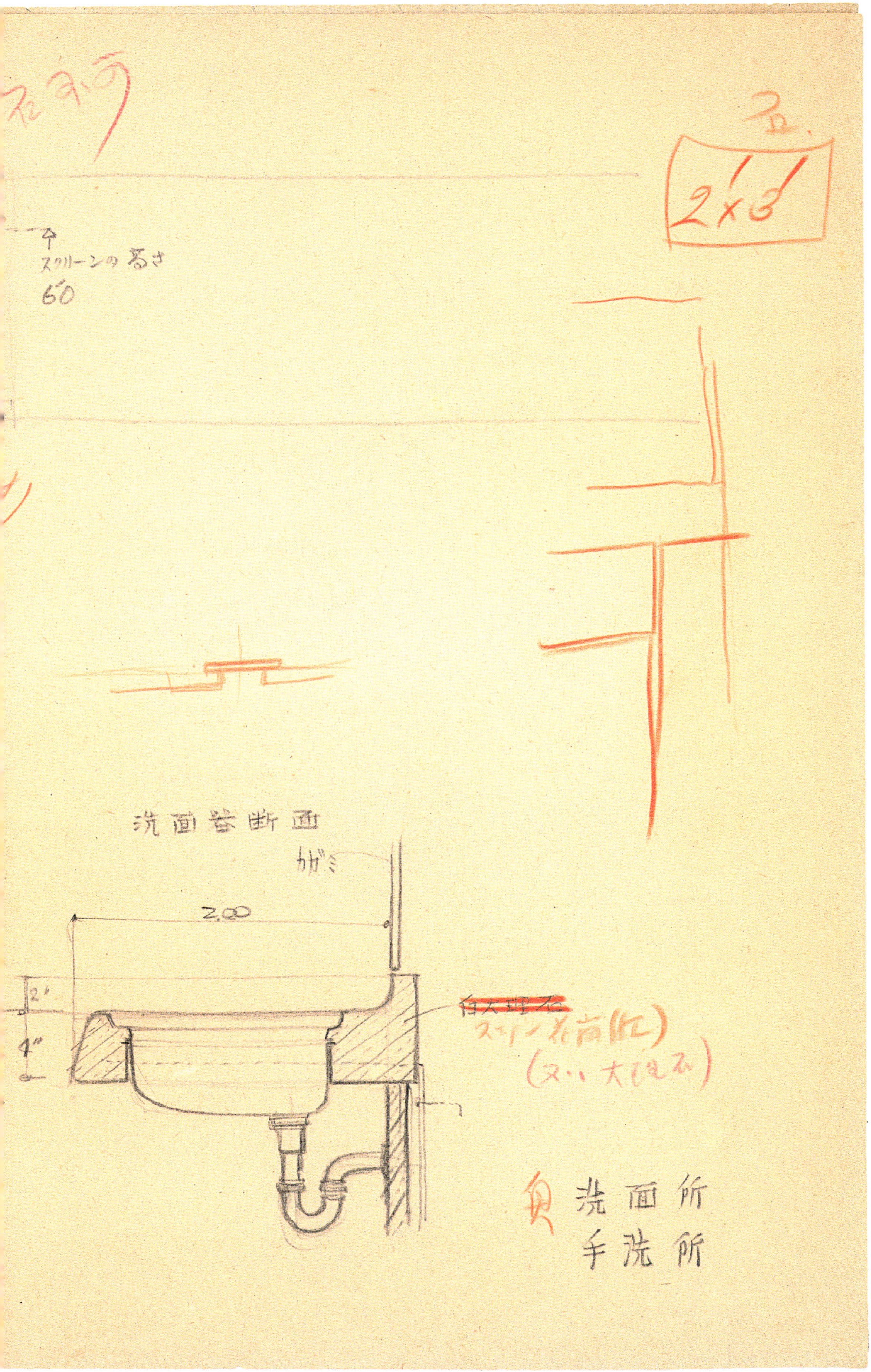
スクリーンの高さ
60
洗面器断面
カガミ
2.00
洗面所
手洗所

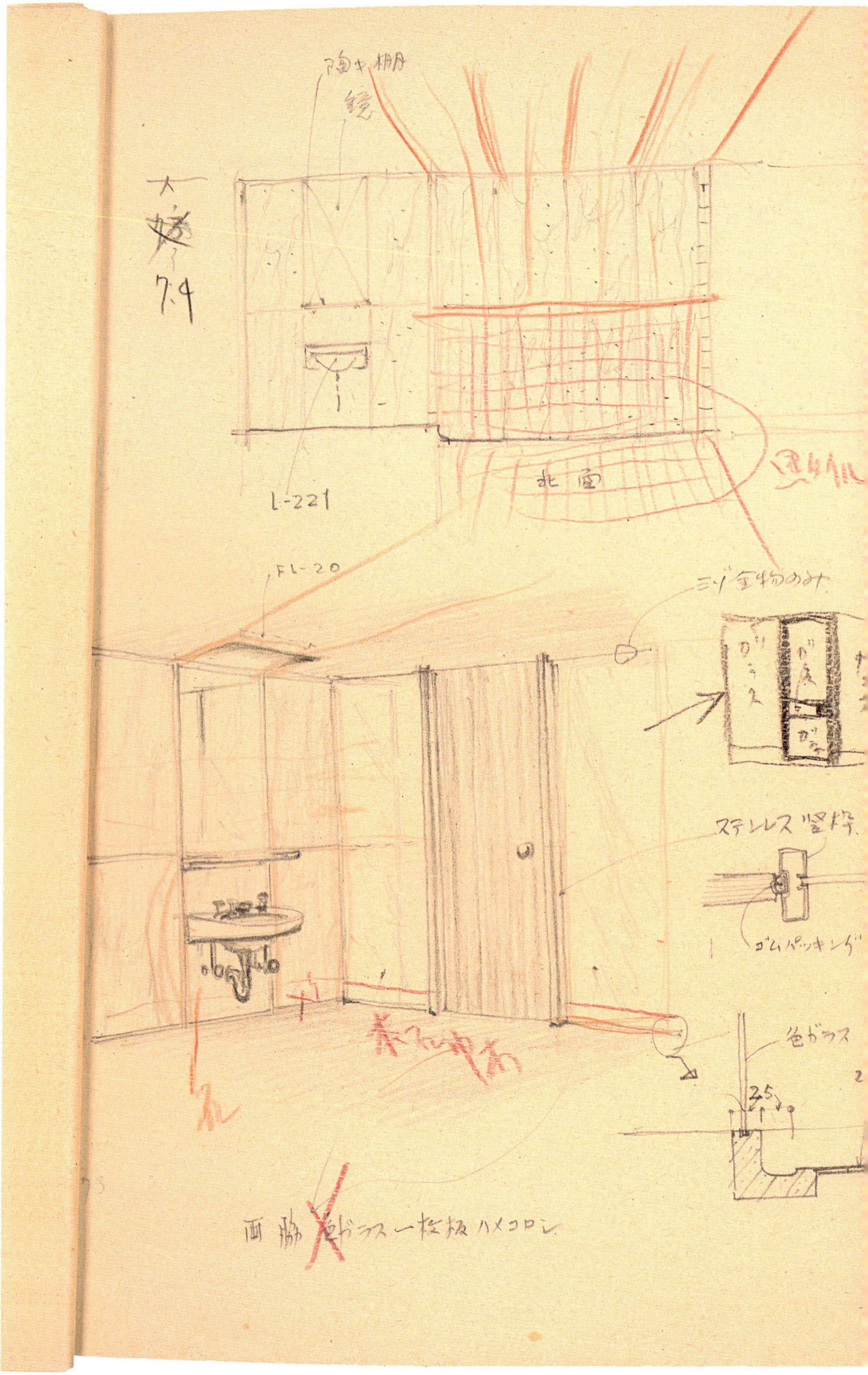

鏡
北面
L-221
FL-20
ガラス
ステンレス
ゴムパッキング
色ガラス
25

南面
浴室・脱衣室

山本邸 パントリー
戸棚
分電盤
黒板
ウォームグレー
C

天井プラスター
スプレーコートサテン吹付
ウォームグレー
ウォームグレー
デコラ
ロン台（机兼用）
床 黒 ロンタイル
木部 米松 クリヤーラッカー仕上げ

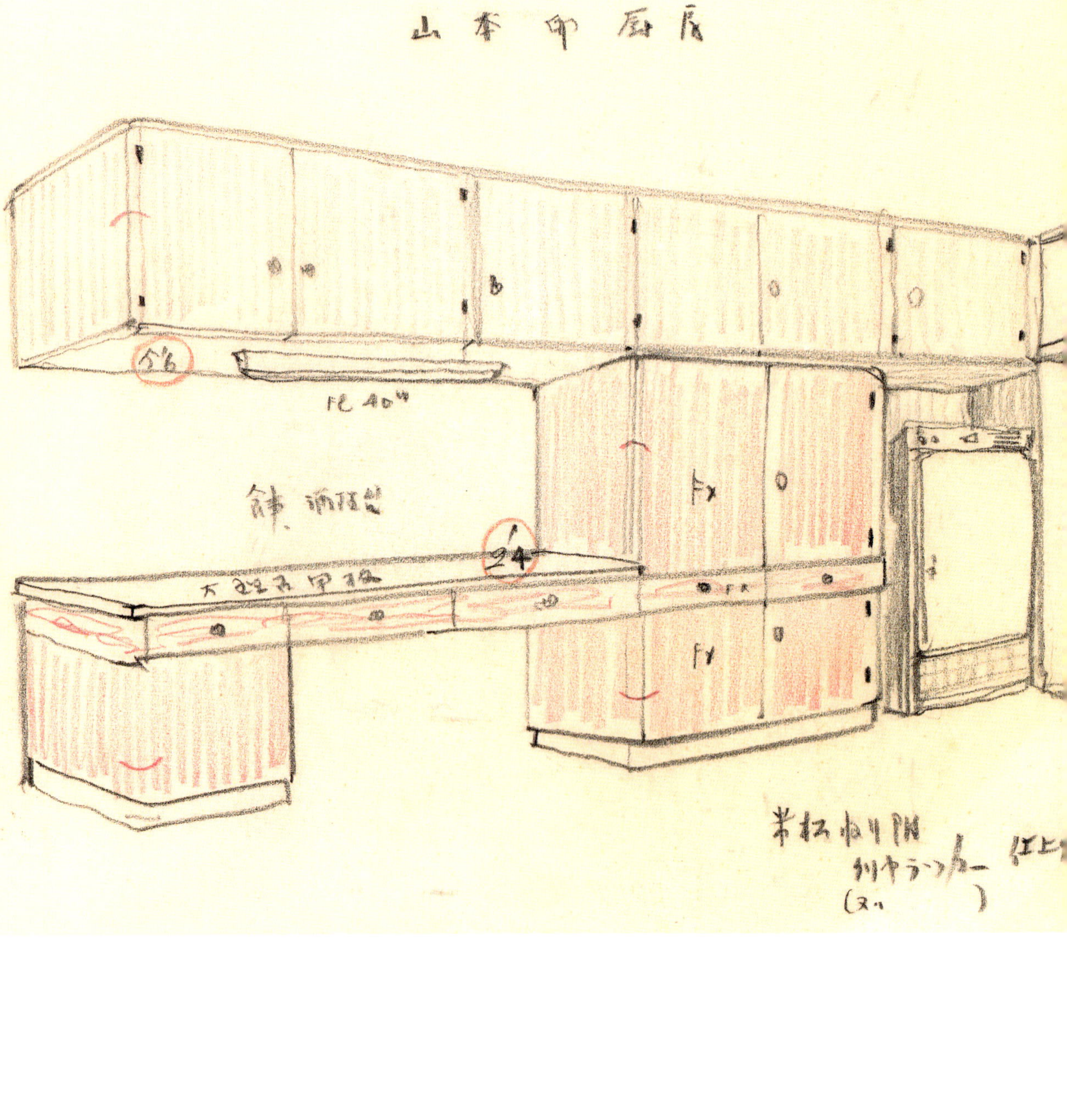
山本邸厨房
FL 40"
大理石甲板
米松柾目
仕上

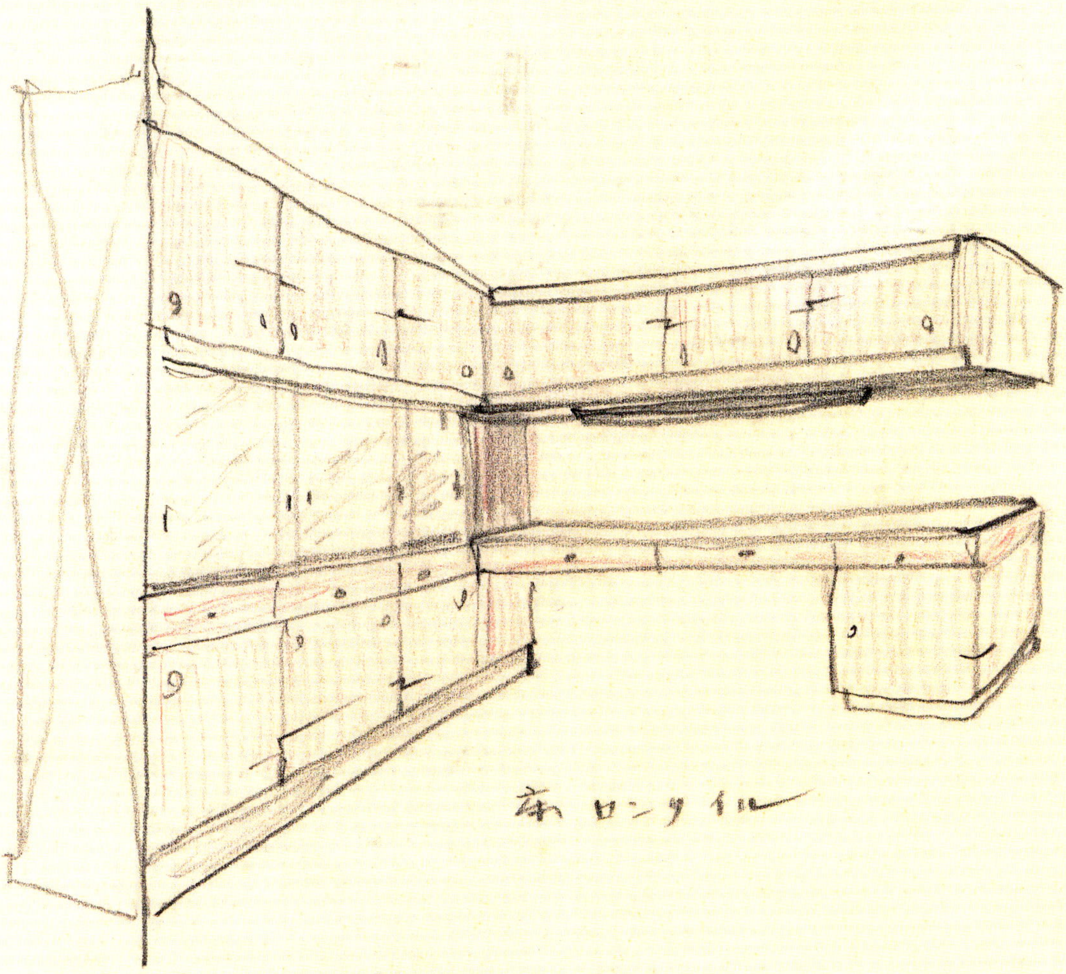
床 ロンタイル

2.

講演手稿
「華道と建築――日本建築の伝統」
1950年

國學院大學華道学術講座の原稿。
ノートの右側だけに15頁まで記されて裏表紙に至り、
以降はノートを折り返して逆向きに書かれ、1冊にまとめられた。
実際の講演は1952年5月とされる。この手稿が活字になって
エッセイ集『無窓』に収録された（筑摩書房1979年、
再刊・晶文社2010年）。最初期のエッセイのひとつ。

昭和二十五年十二月　於国學院大學
講演、
「筆道と建築、日本建築の傳統」原稿

白井晟一

華道と建築・日本建築の傳統

第一部

華道のふるさとは日本の建築であります。そして尚現在すんでゐる家であり、將来も又この家の中で、芸術としていよいよ成長すべきものでありませう。

總ての芸術は、その創作的活動がはじまります時には、それが成立するために、いろいろの条件を必要といたします。先づ方向を決定して之を身につけねばなりません。それにはその個性が素因となる即興を統一して不安定な精神を的確に把まねばならぬのです。華道の場合は環境と素材の要求が考へられることによって始めてこの条件が整ふのであらうと考へられます。

皆様の御仕事において美しい花葉、水や水盤といふ素材の必要は申すまでもありませんが、同時に環境、すなはち建築に対する要求が満足されるのでなければ芸術として成立する条件が整はないことになります。

いろいろな芸術の部内の中で、華道が絵画や彫塑などと異り、創作成立の条件として「場」とを表するといふことは、時間的に不安定な性質をもつ劇・舞踊などと似てゐると思ひます。而も「場」として固定された静止の芸術、或は永續性の芸術といはれる建築を必要とするといふのが華道の特性であり又運命であると考へられるのであります。

私は「華道」は生活を芸術化するための芸術であると考へて居ります。「一つの芸術が他の芸術を必要とする」この様な華道の非独立性の問題へ入って行くことは私の分野ではありませぬが、斯くとり華道が「場」として建築を要求しなくてはならぬといふこと、西洋美学で云ひます芸術上の副随性の縁として、「建築」をば華道を成立させる枠と考へ、その「場」である枠が同時に芸術的でなければならぬといふことへお話を進めたいと思ひます。

皆様は歴史で、華道がその創作の場たる「建築」との離るべからざる関係の反覆によつてだんだん芸術として成長してきた事実を御承知であります。

さてこの様な華道と建築の関係を見究めるために建築にとって華道はいかに取扱はれるべきかを

考へて見ませう。 先程聽講者の御一人が「華道のことを
考へて建築をやってほしい」と云はれました。すなはち華道
の活動の場所、即ち生花を飾る特別の裝置を考慮
にいれない建築は我々に無縁だといふ意味でありません。
フランスの話でありますが、或人がその依嘱に應って折角
かいてくれた或大家のタブロウを見て、「建築にあはぬ
からもつとふさはしいものを」と要求したところ、そのメイトル
は「作品に適する様な建物をつくり直せ」と答へたといふ
ことです。 画家の衿持といいますかその氣慨は大に
壮とされるものであります。 此頃フランスに出来ました
ピカソのミュウゼとかマイヨルの美術館といふ様に、殊
室にいへば一人の個性のために特別の建物が要求され、
ことは正しいことであります。 然しこの様な特殊な作家と協会美術館
や展覧會場などの建築は別として、一般に建築
といふものはその様な絵や彫刻や或は華道の
展示や飾り附を目標として創作される場合は
まくないと思はれます。のではないと考へます。
建築の壁面や入口はその様な特定の場合を予想
することなしに最も自由な空間や面をつくり.

4

絵画といはず彫刻といはず華道といはず吾々建築家から考へますとあらゆる芸術と交わらなければならないのであります。御承知の様に茶の湯の起源は祭壇であり、（寺院）華道のための特別な装置ではありませんでした。例へば利休や遠州のつくったといはれる多くの風雅清拔な茶室の茶の湯に置物や飾り附を予想して造ったとは考へられません。ものではないと思ひます。ありません。高雅な一行書は結構ですし、一の構な野菊の一茎し、たとへ薬、缶や農具の類と雖も美しく受容して芸術的生活を満足させてゐるのであります。無しも自ら深い美しさをたたへた建物と申すものは何一つ飾りものがなくとも、それだけで既に幽玄な芸術世界をつくり、同時に最も自由な滿なあらゆる芸術品の受容の場所となってゐるのであります。

掛物や生花をおかなければ美しい雰囲氣をつくれぬといふ様な茶の湯は建築として既に本能的に間違つてゐるのであります。すなはち美しく正しい人間性相美く受容できる~~ものが様な建築として場として~~ものがよい建築とされるのであり、して、芸術的、精神的な高揚へ導けるこの様な建築を「場」として持つのでなければすぐれた華道は生れてこないと思います。皆様の創作的活動の条件として望まれる建築への目標は是非かゝる意味のものであつて頂きたいと思ふのであります。

第二部

先日幹事がお見えになつて、此講座で私のお話する題目を「建築室内装飾」と定めたと伺つたのであります。之れ就ては他日その方の適当な専門家にお願いするとして今日は皆様の御仕事に就てのために是非必要な御理解をお願いしなければならない日本の傳統的建築の本質を貫いてゐる精神、いはゞその造型的感覚の土台になつてゐるもの、根本的な意味を洞察様進んでその傳統のつきぬ力と示唆とを身につけて頂くために、此のでもお役に立つ様なお話をいたしたいと思ふのであります。

扨先程の「室内装飾」といふことでありますが、之はもと外国の言葉でありまして日本の傳統的建築に於ては言ひならはされなかつたことばであります。「装飾」といふことは、附け加へたものと言ふのであつて建築の構築とは又別箇のことからであります。　日本の建築の仕事は構成そのものに美的効果を内在させることであり、従つて成立ちの異る外国の建築に於ける「装飾」の意味と役割を要求しては居りません。

　我国の傳統的建築に於ける屋根の美しさは他にくらべるものがないと云はれて居ります。京都の町の美しさは勾配のゆるい切妻屋根がつくつてゐるとさへ言はれて居る程でありますが、之は雨や日射など独特な風土、自然が軒出の多い緩い勾配の小屋構造をつくらせ、それに長い年月の工夫と洗練とが重ねられたのでありますから之を「装飾」ゆといふ枠の中に入れることは適当ではありません。皆様御存知の奈良唐招提寺金堂の海の様な壮大な美しい屋根、或は東大寺法華堂の此の世のものならぬ流麗な屋根の形態など、悉くそれらの建築の平面計畫と構造とによつて規定されてゐるのであります。之等はただ一例に過ぎませぬが、日本の優れた遺構は例外なく構造そのものに仕上つた建物の美の性格を約束してゐるのであります。このことは勿論室内の構造に於ても同様でありまして、美しい室内をつくつてゐる用材の大さ、窓や天井の高さ、釣合、比例などがみんな構造そのものに関係してゐるのであつて、装飾による附け加への効果をまつまでもないのであります。大徳寺諸塔頭の名席や京都の郊外に散在するすぐれた書院や茶室の建築構成が、簡潔的確にして余情にみち深い暗示をたゝへてゐるのも、親しまれならば、それらの美的モメントとなつてゐるものは悉く建築構造の原理に内在するものであることを了解されるに至ると思ふのであります。地上に咲く花の美しさは根茎の中に既に約束せられてゐるのであります。

御承知の様に日本の傳統的建築の構成は木材架構につきるといへます。従つて木材の質の理解、取扱の錬磨は勿論、寸法の規準比例の嚴密な精妙なることは外国の建築に見られぬものであります。そのためには卓れた工匠さへも如何に心魂を傾けたか像想にあまりあるのでありますが、私はこの様な簡潔單純な表現を完うした美的調和の能力といふものはこの民族にのみ許されたいはゞ神授のもの、神から授けられた能力といふべきものではないかとさへ考へて居ります。

私共は優れた遺構に接しますたびに、その構成の精妙さや釣合の濃い調和の美しさにほとんど涙をもよほす程でありますが、その造型的原理にひそんである美的モメントの秘密と共鳴することは、この国土に育ち同じ血につながる日本人以外には至難のことの様に思はざるを得ません。

西洋の古典建築の様に眼の錯覺を利用して空間効果を増大させたといふ様な種類の意圖ならば、近代科學はその合理、非合理性を或程度の結論に導くことは可能でありませう。然しこの神技と考へられる日本人の造型的才能の秘密を了解し、之を体得する手だてとなるとは考へられません。

ヨオロッパのすぐれた少数の建築家は日本建築の造型原理にひそんである美的モメントの秘密をたとへ感得し得ない迄も謙虚に且深い憧憬の心を以て省察し、却って日本人にその自覺と体得とを[illegible]してゐる位であります。

さてこの神技の能力と云ひましたこの「秘密」の外廓を形成するものは日本の風土と自然の特殊性であると

8

考へられて居ります。そして私共は民族の精神的構造の究明と
その歴史的陶冶を対照として「秘宝」の中核を探らねばならぬので
ありますが、其の場合常に、血を共にするための利点と弱点は
共感と客観的把握の困難との相剋として常に私共に面して
あるのであります。無し建築に限らず日本的芸術の理解は、たとへ
困難であらうとこの首肯から出発すべきものであります。
さてこの「秘宝」の論理的な解明は文化学者の問題として
も、日本的創造に従事するものは尠くとも不断
に我等の負ひ来った傳統の示唆を重視し、太古以来
日本的芸術創造の主体となって来た精神を血の中に再現
すべき使命を有するのであります

第三部（第二の続きとするか）

皆様は伊勢神宮のあの様な簡明な形式が最も深く
最も豊に日本的な形態を表現し、而も永久に新鮮で
あることをお認めになって居られると思います。之は我々の
祖先の本能と信仰と生活とが直観によって、生きて
ある外界すなはち風土、自然と融合調和し真直に
創造の道とひらいたものといふべきであります。

その形態が我々の目にどんなに合理的に見えやうと、西洋の古典建築の様に合理の要求を満足させるために素朴な意志が變質されたものではありません。心と目と手との合一でありますから直観以外の影をみとめることが出来ないのであります。我国土の始まらんとする時に我等の先祖は先づこの様な「永遠の象徴」を完成して日本的創造精神の原理を示してくれたのであります。

神宮の建築の形式は疑もなく先史時代の農民の單室家屋であり、その起原が南洋の島から来たものであるといふ假説も誤つてゐないかもしれません。然し我々にとつて最も重要なことはあの様な原始的な素朴な形式を通して「清らかさ」「美しさ」の究極に到達させた造形的な能力が日本民族だけのものであり、末裔たる我々の血の中に必ず生きてゐなければならない能力であることを自覚するにあると思ふのであります。若しその自覚と矜持と血肉としてもつてゐるならば恰も原理も傳統ももたぬ亡国の民のように、不安定な観念の動きをたちどころに摸倣して不健全なエンタシスムに沈潜するといふ様な不手際はおかさない筈であると考へるのであります。

扨日本の建築の最高基準すなはち理想を伊勢神宮は「單純」に於て具現いたしました。日本建築精神の傳統は之れから始ります。幸にその無比な太古からの姿は未曾有の戰禍にも失はれず今尚~~健前しつ~~永遠の象徴として我等に現前しつつ原理を語つてくれてゐるのであります。

日本が大陸文化の吸收に專念した時代は久しく續いたのでありますが、もし飛鳥、天平の建築様式がいかに大陸の影響を濃く語つてゐやうとも、私共はその中に日本的浄化の豊醇な香りを多分に~~味到し得られるので~~ ~~あります~~看取することが出来るのであります。之は太古より建築精神の原理と傳統とが、大陸文化への急變能力と対立することなしに、謙虚な當代の建築者の心のうちに生きてゐたことを示すものであります。

所謂王朝文化の特殊な建築様式を發展させたのは暫く大陸の影響を揚棄するに至つた藤原の盛期のことでありますが、純日本的形式の創造は此の頃から徐々に結について参ったのであります。
鎌倉後期に至って興った武家建築が「空」「無」へ向ふ造型意志の限界を示す「単純」を目標としたことは禅家の精神的滲透を契機として「太古」の建築精神をよみがへらせたものと考へられるのであります。
扨現世の無常と信仰の永遠を疑はなかった室町期は日本的な生活法のすぐれた体得者として我々の歴史の中で文化的に最も顕著な時代といへます。その深い宗教的前提による文化精神の精進によって建築に於ては「単純」の理想を確立した人間的な表現の目標として「簡素」といふ創造形式を獲得するに至りました。我々の今日いふ日本の伝統的建築の形式は此時代に骨組を決定したのであります。今日の日本建築が此時代の書院建築或は数寄屋建築に果して本質的な何を加へることが出来たでありませうか。
この「簡素の創造」は桃山から徳川の初期に完成いたしました。御承知の様に十七世紀は△封建制度が確立してあらゆる建設は権力者の意のままであり時代は悪く之に迎合した筈でありますから、斯る時代に

12

嘗て到達し得なかった程の高邁な建築精神の表現を完成した道は、今日の所謂文化者のレジスタンスであり苛烈な闘争であったと思はれるのであります。

権力に闘ひ克つ程の創造ならば簡素、風雅などといはれる建築も骨抜の薄弱なものでありようがなく、又高邁な教養が前提となってゐる気品がなければ人はその頑丈な節金入の執拗な人間性の臭ひに殆んどむせずばかりでありませう。千利休、小堀遠州などといふパイロットは時代が産むべくして産んだ芸術的能力と云ひ乍ら、権力と時代の風潮に屈せずよく空前の創造を完成し後世に深い訓戒と強い警告を残してくれたのであります。

もう十年以上も前のことでありますが私はヨオロッパの遊学から帰りました日に京都大徳寺の聚光院をたづねました。ふるさとの建築を最も新鮮に体感し直してみたかったからであります。いくつもの室を過ってやがてほのぼのとした閑隠席へ案内されたのでありますが、お茶の支度に案内者が去り一人で室の中央に坐ってゐる間、そのうすぐらい壁から天井から入込の影から何か非凡

な強力なものが犇々と迫ってくる様な鬼気を感じて
膝を正したことを想い出します。留学中に「わび」と
「さび」の建築といふ論をかいて学友をよろこばしたこと
など想へば全くかなしいことであったと思います。お茶が
はこばれて漸く席になれた頃始めて床の間の山茶花
が眼に入ったのですが、有限無常の「すべて散る花」
が感得できたかどうか。お茶がすんで接待の尼僧と語
ってゐるうちに漸く、私のあこがれてゐた日本の「家」を感じるようになり、
~~建築事も少く室内の構成を~~かるさきと組んでほのかになってゐた建築構成の仔細
を心に止めることが出来たのでした。然し庵を辞して赤松の
香のするなだらかな石畳の坂を~~歩み~~下りヨオロッパの
旅を扶いおとした様な爽かな氣分で歩き下らも、先程
の鬼氣、全く及びもつかないおそるべき能力である人間
に対する重々しい印象からすっかり自由になることが出来
なかったのであります。

十七世紀の建築に於て成し就げられた「簡素」は
この様な室町の独創性である小数の天才の深い
精神と、強靭な芸術的な意志が前提となって
居りますが、~~利休好み~~桂宮院や利休茶室などが

14

幽玄自在でありながら、毫も曖昧の影を残さず、ないといふ
のはそれらの造形者に於て、原理と伝統の秩序に対する体得が
的確であり、はありません。而も同時に、非常に鋭い力を鈍い力の
細工で抑へた――西洋人の企及できない――表現にゆきつかれ
たのはその倫理的信念がしっかりしてゐたまゝからだといへるのであります。
芸術としての建築の成立条件として
我々共はこの様なとうとい伝統を地中に頑丈な根茎とし
有して居ります。伝統といへば何か骨董の目録の様な
ものと思はれ勝ちでありますが、私共は民族の文化精神
の座に何世紀も眠って生きた根茎であり、屡々
おそはれた畜念にも枯れない生命として生きてきたもの
を、様式の表面に於てかさぶたの様になった黴と
混同し、之を伝統と見誤る様な愚かす
と怠慢をおかしてはならないのであります。我々は
不断にその源泉から汲みとらねばならぬのです。
先程からくりかへしお話して参りました様な
永遠の象徴となる純粋な形式をもった遺構
が時と所を超越して常に我々に対面してゐる
のであります。ことを銘記せねばなりません。

扨長い鎖国の夜が明けて文明開化の時代となった
日本の建築は再び奔流の様な外来文化明に眼みし
にされて醇化の能力もはくもり、鈍らせ、原理と傳統の忘却は
本来の日本的な建築精神は有害な毒念に抗する力を失はしめ
ますます強く自主する力を失はしめる結果でありました。
流るに受容の天才である日本人もただ西洋建築の
形骸を逐ふのみ、甚だ終に半世紀近くも自覚と方向
を喪失してしまったかの如くでありました。我々は
この時代のかなしむべき遺物を散見するたびに
その低俗なエキゾチズムには肌に寒氣を感ずるばかり
です。

寧ろ此時代の後期に却って西洋人によって提唱され
た日本美の再発見に刺戟されて、漸くふるさとの土を
掘り起し地中の根茎のありかを探る機構な始末
となったのであります。が、外の力をかりた覚醒で
あったとはいえ日本建築精神への自覚は消極的ながら
徐々に恢復して参りました。然し日本建築史の
悲劇は幕をとざしたわけではありませんでした。折角

17

の覺醒と再認識にもかかはらず、東亞戰争に至る頃には、信念を失つた
国粋思想との不倫な聯繋によつて空前の暗黒
時代を招いたのであります。この頃 騒をのせたビルディング
が、東京は勿論日本の大きな都市に簇出いたしました。敗戰
はこの様な建築的スキャンダルの掃除に役立つたことに
なります。　然し日本の建築界を主導する原理
は又別の新らしい毒念を迎へたのではないでせうか
顧れば日本の建築史は受苦と過誤と浄化の歴史であり
ました。　現代の建築の主流が、清流か濁流か、其
えを遠近法を誤らずに、同時代の我々が展望
することが可能であるか否か、いやそれよりも先に所謂文化第三時
の真唯中にゐる我々が既に批判の枠に入つてゐるので
あります。　唯日本民族の自身浄化の能力は
熱烈して顕現して　外なるものとの交流が激しければ
激しい程益々活潑にならねばならぬものと確信
して居ります。歴史はそのことを充分に示してくれてゐる
からです。　事実現代の日本建築の様相といふもの
は、外から入つてきた有用と毒念の判別に苦闘し
ながら

漸く日本的傳統の炬火をみとめて新らしい創造へ真摯な歩みを始めかけた歴史を有する如くであります。

罪のない。コルビジエやカリフォルニア建築をして阿諛や狂信のエンスージアスムの殿堂から下ろし、日本的創造のよき友たらしめねばなりません。咎はもともと民族の源泉に対立させる様な錯覺と浅薄なサイミテイシヨンを導いた「傳統の自覺」の喪失にあります。

これからの建築精神が先祖より連綿として継承すべき筈の原理と傳統に緊密な根を張って居れば、害悪は日本的創造のために美く有用なビタミンに還元出来る答であります。

第四部

建築は絵画や彫刻と同様に芸術の大きな部門に入ってゐると共に、今日では又工業生産の中の花形であります。一つを聖他を俗と言いますならば、これからの建築は聖俗二つの対立の一層緊密な統一が必要となります。　物質と精神とが対立することを許されないのが、建築が他の芸術と異る特性であるならば、この統一の契機となる精神を的確な日本的特質をもって性格付けるところに日本の建築造型家の責務があるのだと思います。日本の建築を世界的にするということは世界的な類型の中に一様化することではなく、たとへばイギリスはイギリス、スペインはスペインという様に、日本は日本の特性をや推進して一層個性の明確な建築形式の完成をめざすのが、世界史的な意義を有つ仕事となるのであります。これからの日本の華道が必要とする建築も当然この様な意味を満足させるものでなければならない筈であります。

扨建築に関係する科学的技術が極度に進歩した今日では建築を構成してゐる各部概念は全く変化して参りました。鉄、コンクリイト、ガラスの構造的技術、エアコンディショニングや人工照明の工夫などによりまして夢にも想はなかった建築が近い日地球の表面をうめつくす様な有様は

吾人は当然不断の現実の状況によって条件附けられた任務を帯びて居る者でありますが、同時に現在の我々に至った時、空の経過の内容をば常に先人の業績を通して適確に把んで居らなければなりません。

最早可能性の時代をこえて既に現実の様相となりつつあります。~~しかし~~ガラス張の建築が東京をうづめるような或は窓一つないコンクリイトの建物が日本中の都市に林立する様な時が参りましても、~~日本的~~我々の祖先の遺産である清らかにして、強い、優雅な多くの建物は、吾々にとって益々その尊さを増すばかりでありますし、将来どの様な時代になりましても日本的~~創造の選手~~となる建築造型家に限らずあらゆる日本的創造の選手のためにいつも正しい道標となってくれると考へるのであります。

お話が大へん抽象的になってしまいまして御了解の充分でないと思はれる点もおありになると存じますが、建築といひ、華道といひ日本的文化を完全するためには、これからの人々は祖先の遺産である此類の高い古典を通して優れた我国の文化的伝統に対する国民的な自覚と矜持、~~理解~~を堅持しなければならぬということは~~素朴~~に理解頂けたことと存じます。先程から屡々お話引例いたしました古典の実例は幸に日本の所々に現存してゐるのでありますから斯うして詰らぬ言葉を以てお話し致しますより一々その生きた具体的な建築物に就て、御一緒に勉強し、日本的芸術形象の秘密を皆様と共に体得いたせる様な機会こそ願はしいのであります。

一月十四日　採要

ノート3頁（本書52頁）の欄外注。13〜14行目の上部にあたるノート見開きの対向頁に付記。

大徳寺龍光院密庵の有名なのは宋僧密庵の墨蹟を掛けるためにつくられたと伝へられて居ります

傳統

説明追加

＊どういふ歴史觀によりましても

傳統は、吾々が歴史の一契機として現はれる以前の事実でありまして好むと否とに関らず、このことを動かすことは出来ないのであります。母胎なくして吾々が生れることがない様に、個人的経験の過去への延長である傳統を否定することは父祖や母胎なくして忽然として生れ出た様な妄想と等しいと云はねばなりません。このことは或意味では民族的な拘束と云へるかもしれません。然し吾共はこの甘受すべき傳統といふ唯一つの手がかりによって我々の体験と実紀とが、附る的に全く隔絶した過去の実体と精神に接觸させて我々の現実の生命と自覺し創造の方向を確立し歴史全体に調和する様に努力せねばならぬのであります。吾々は當然現在の環境に條件附けられた歴史上の位置を帯びてゐるのでありますが、同時に現在の吾々に到った附るの経過の制約を避けることは出来ません。傳統は我々の立ってゐる地盤でありまして、足を空にして地上に立つことも前進することも許されないでせう。創造の業に従事するものの出発はこの傳統の省察と体得によって始まるべきものと考へます。

3.

樹種についての覚書
1975年ごろ

長男彪弼との打ち合わせで木のはなしになり、
樹種の特徴をひとつずつ説明しながらつづった。

4.

日常の彩り

アトリエNo.5において白井晟一が身近に置いた品々。
ルネッサンス・バロック時代の大コンパス、チロル地方の
民俗板画によるキリスト像、ペルガメント（羊皮紙全装）洋古書、
キリスト教布教のための17世紀ヨーロッパの民俗パッチワーク
『聖なる物語』など、時を超え今もアトリエにたたずむ。

プラトン
デカルト
パスカル
漱石全集
漱石全集
漱石全集

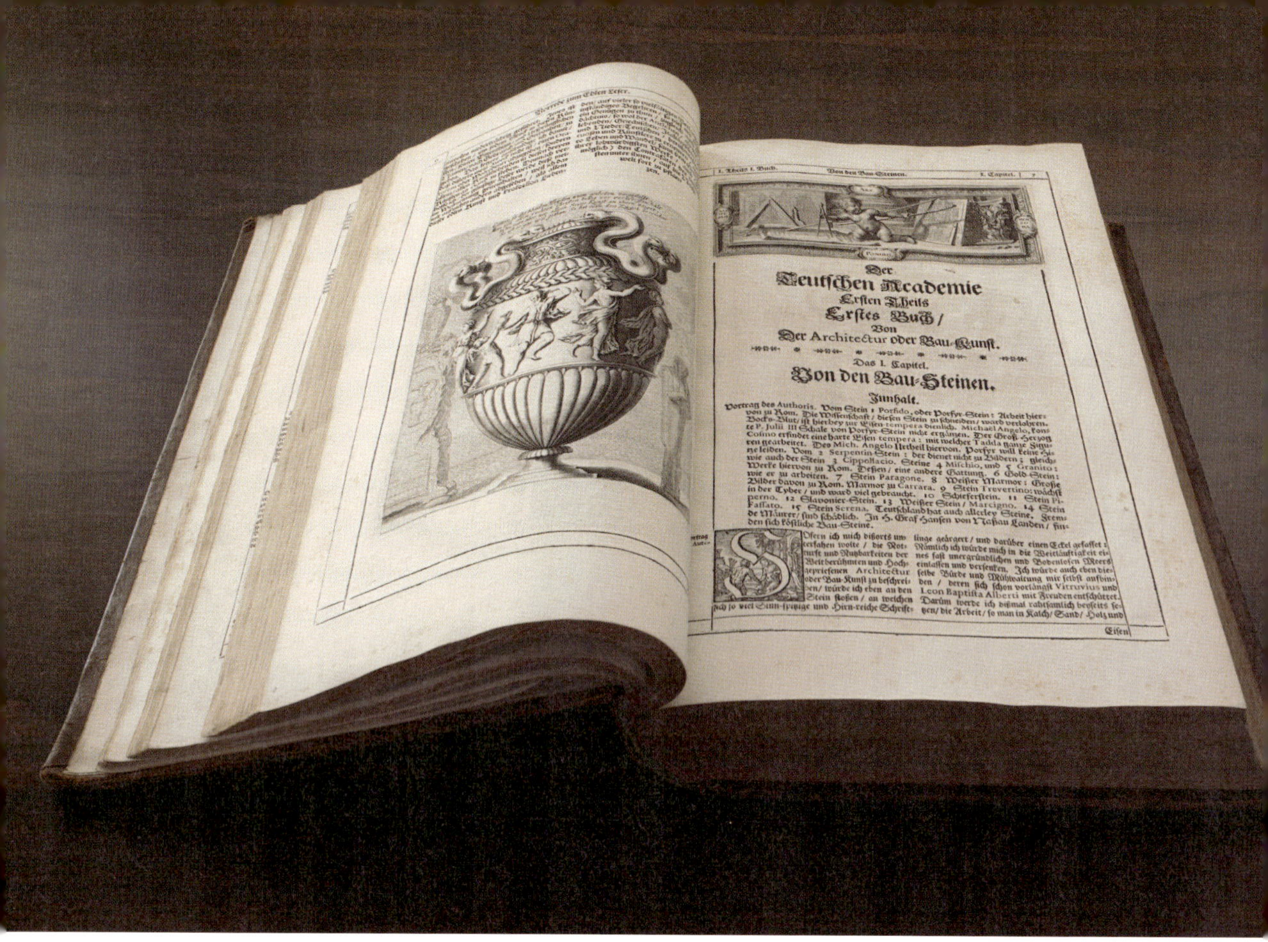
Der
Teutschen Academie
Ersten Theils
Erstes Buch /
Von
Der Architectur oder Bau-Kunst.
Das I. Capitel.
Von den Bau-Steinen.
Innhalt.

Questo è
un libro
della
Famiglia Sirai

Nürnberg/
bey Johann-Philipp Miltenberger.
CHRISTI MDCLXXV.

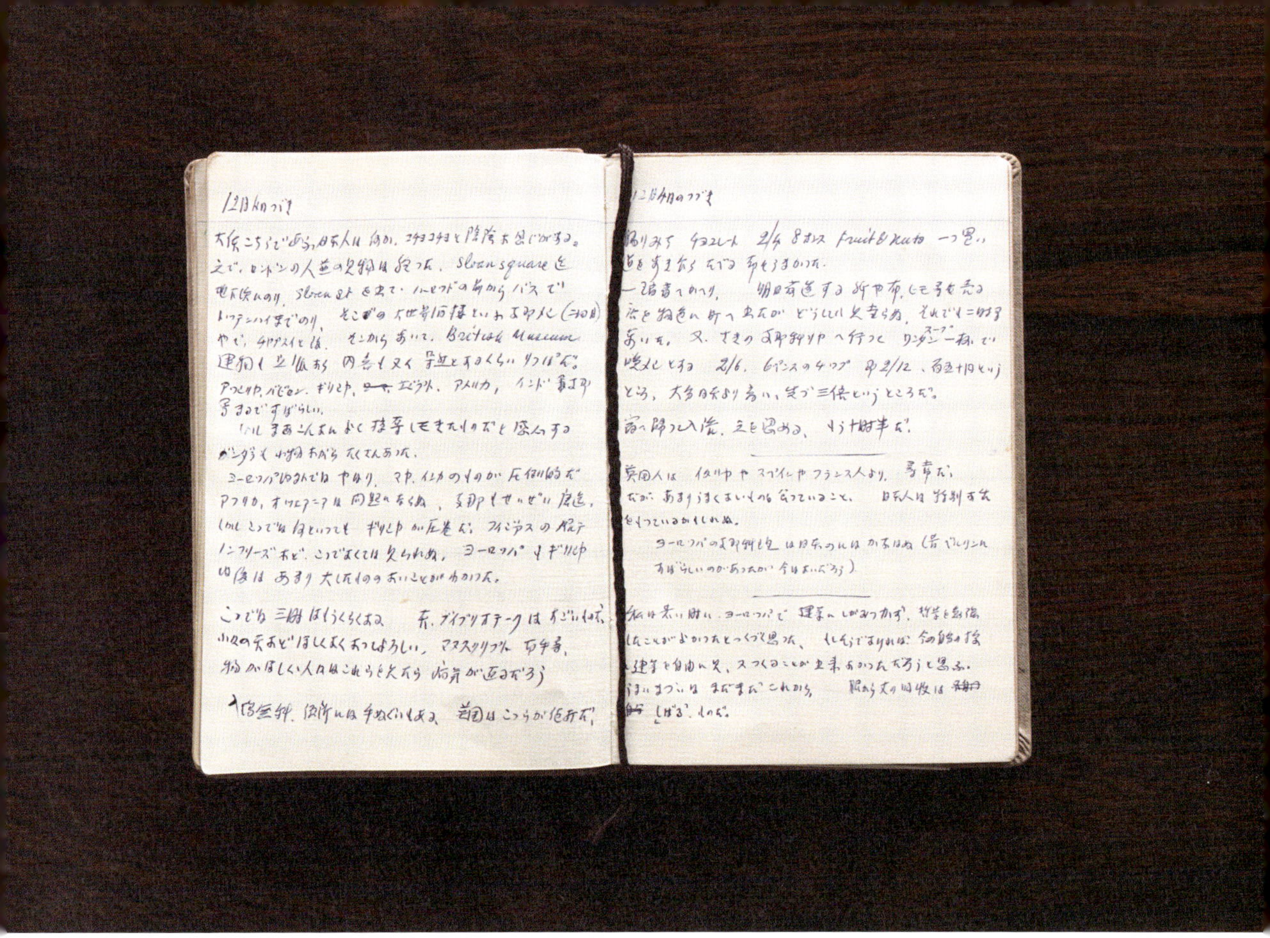

5.

PHOTOGRAPH
1938〜40年

長男彪弼の幼少期を白井晟一が撮った写真。
自らアルバムに貼り付け、日付を記入した。

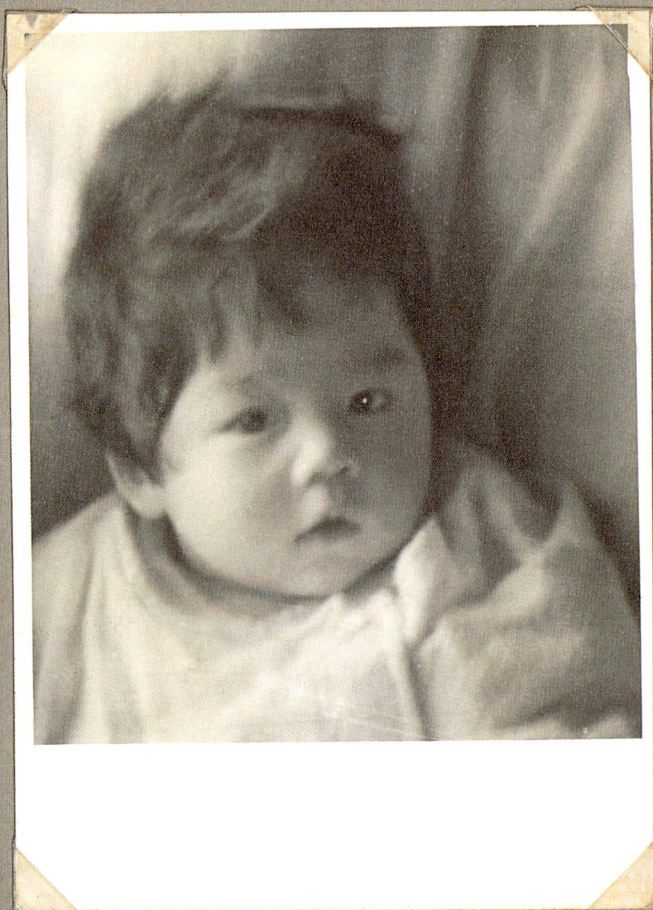

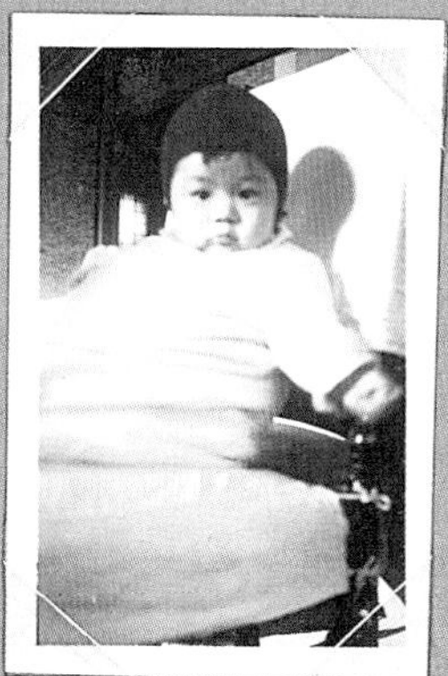

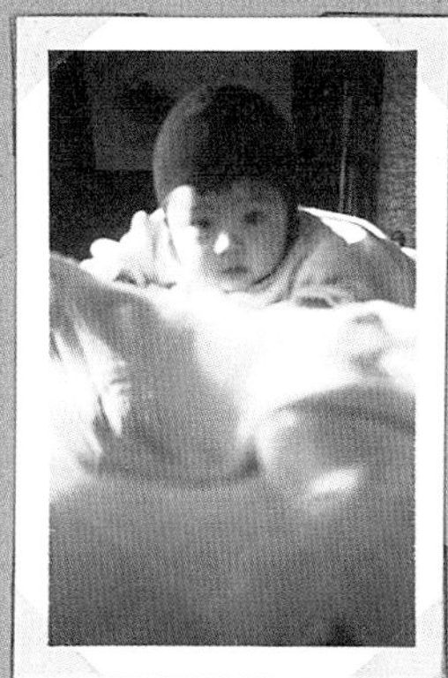

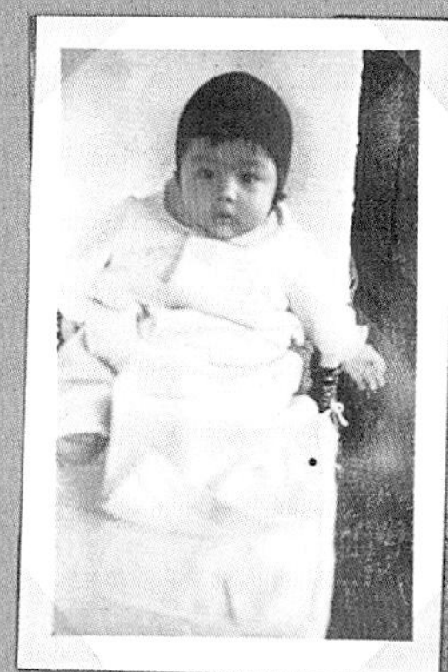

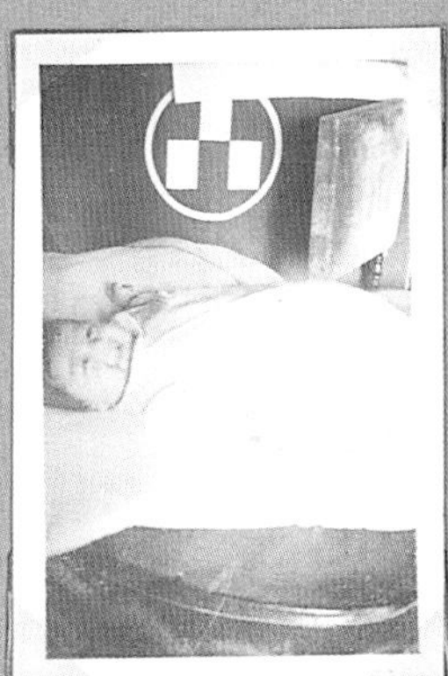

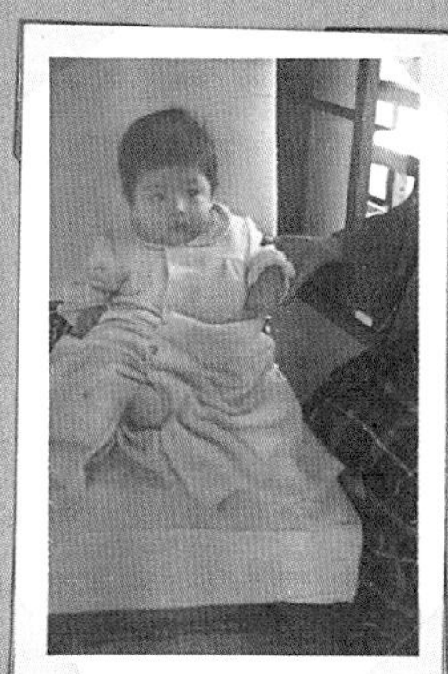

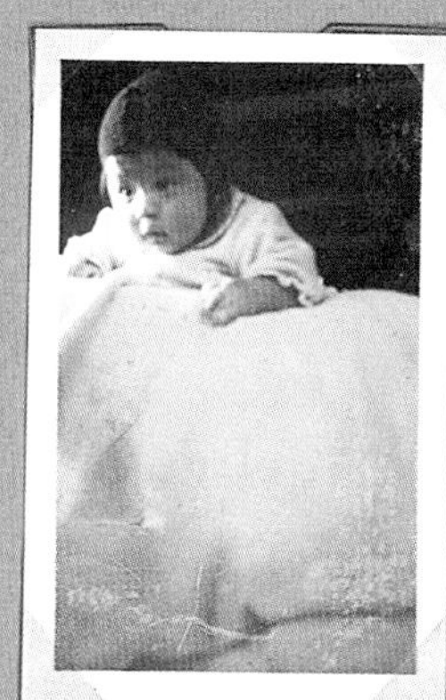

昭和十三年クリスマス 生百弐十弐日

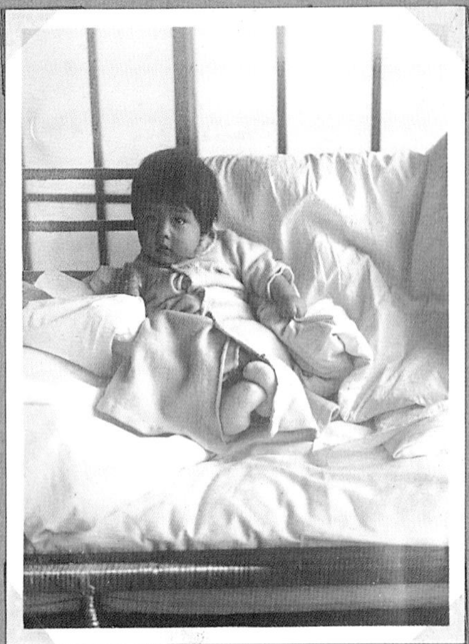

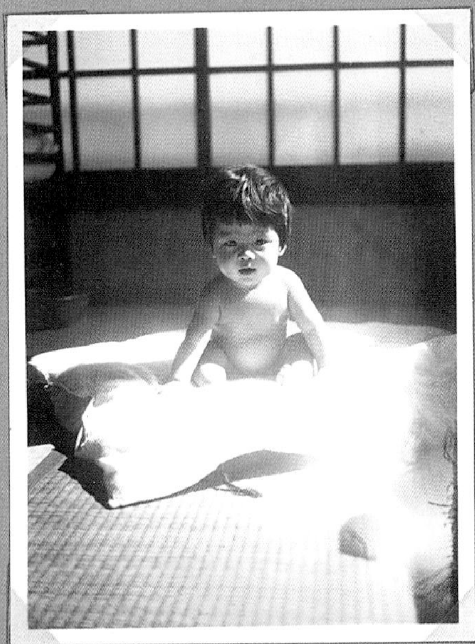

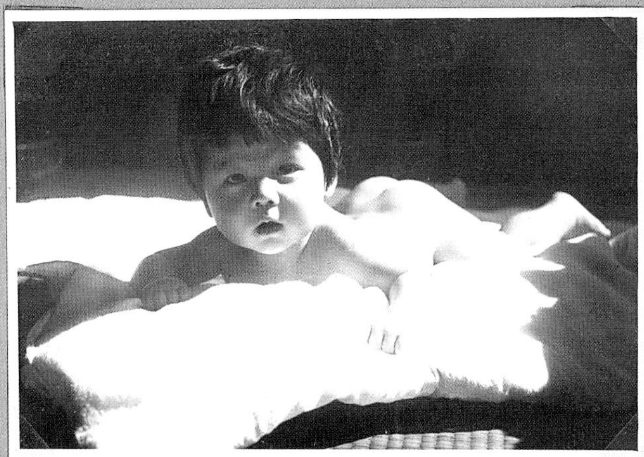

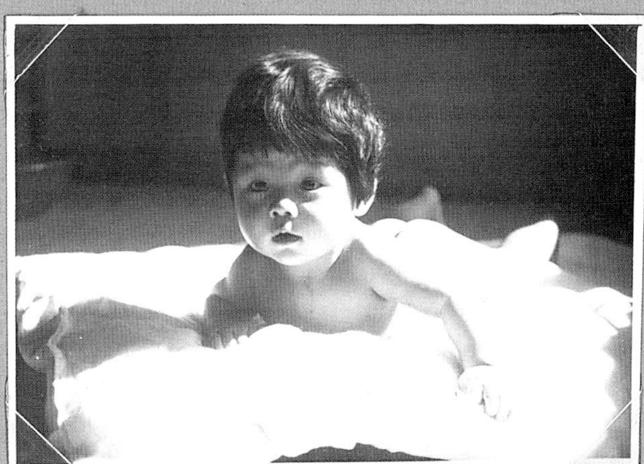

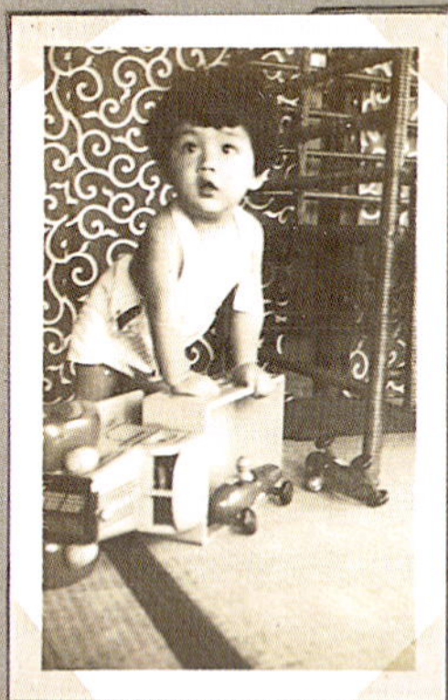

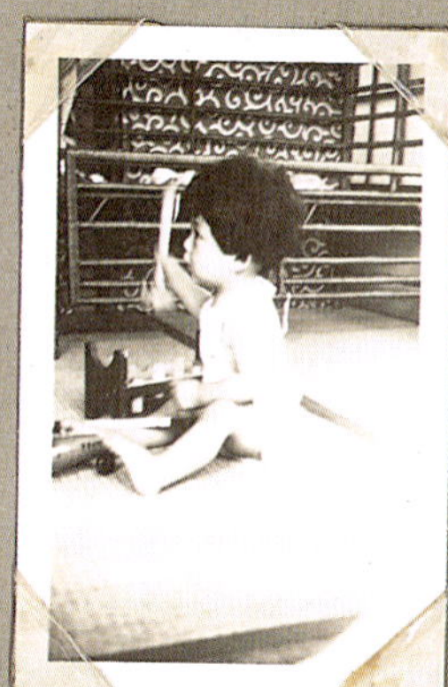

昭和十四年七月末日
於同心町二階

這ひ這ひの頃

一月元旦

昭和十五年元旦 於同心町

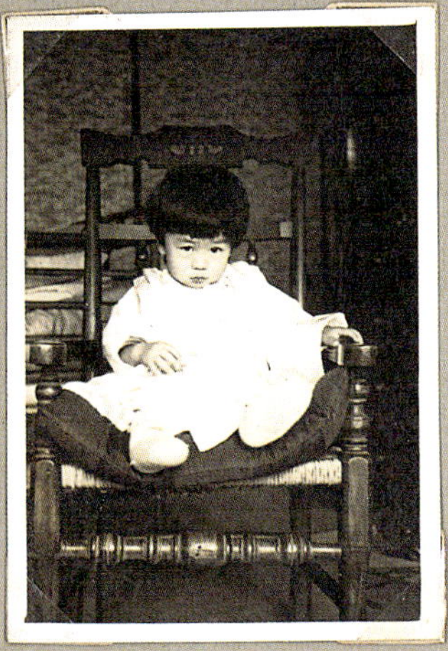

6.

解説
草紙「芦屋山本邸」計画

白井原多

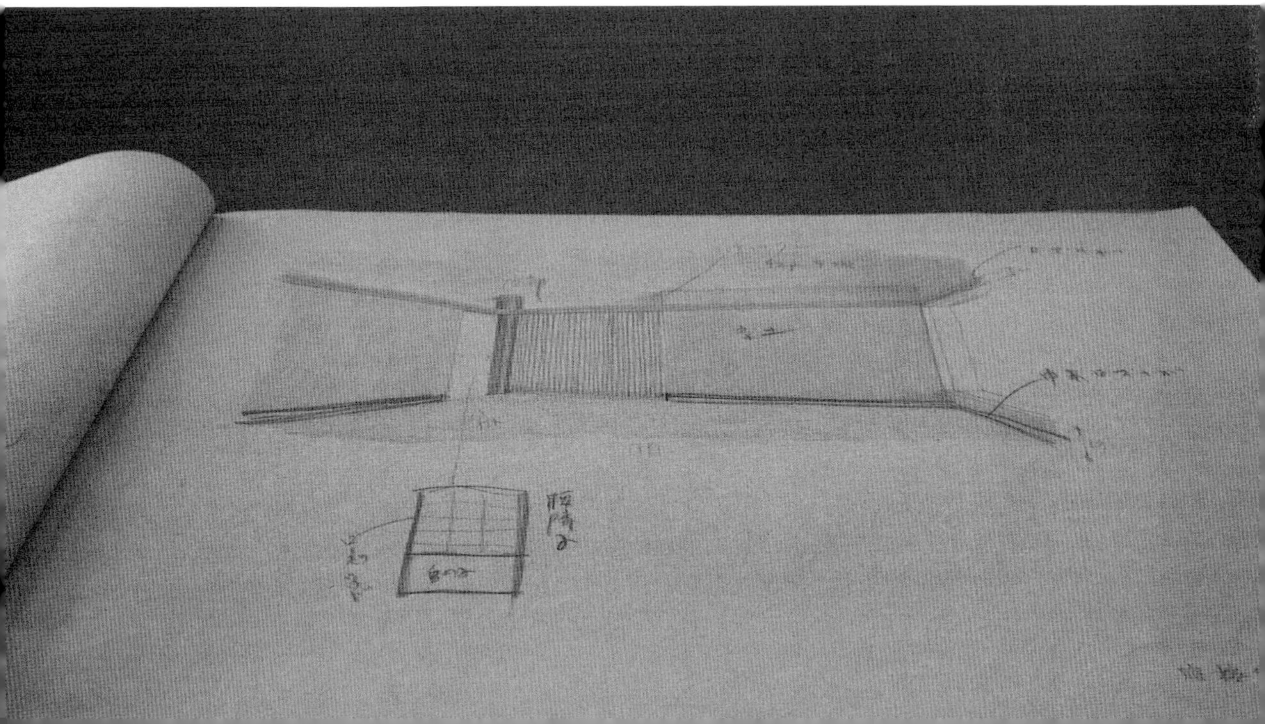

白井晟一はB4判サイズのわら半紙を好んで用いていた。巻頭で紹介した「芦屋山本邸」計画の草紙は、その好例といえる。1枚のなかにひとつの空間を透視図や展開図などで表現。柱などの強い表現は柔らかい鉛筆、床・壁・天井の柔らかいテクスチャーは硬い鉛筆を使い、実際に製図する所員へその意思を伝える役割も果たした。赤鉛筆で調整・練り直しを行っている。

ここでは透視図のビューポイントと展開図の位置を示す。各スケッチに登場する用語の補説を98頁に、最終案としての設計図を96頁に掲載する。

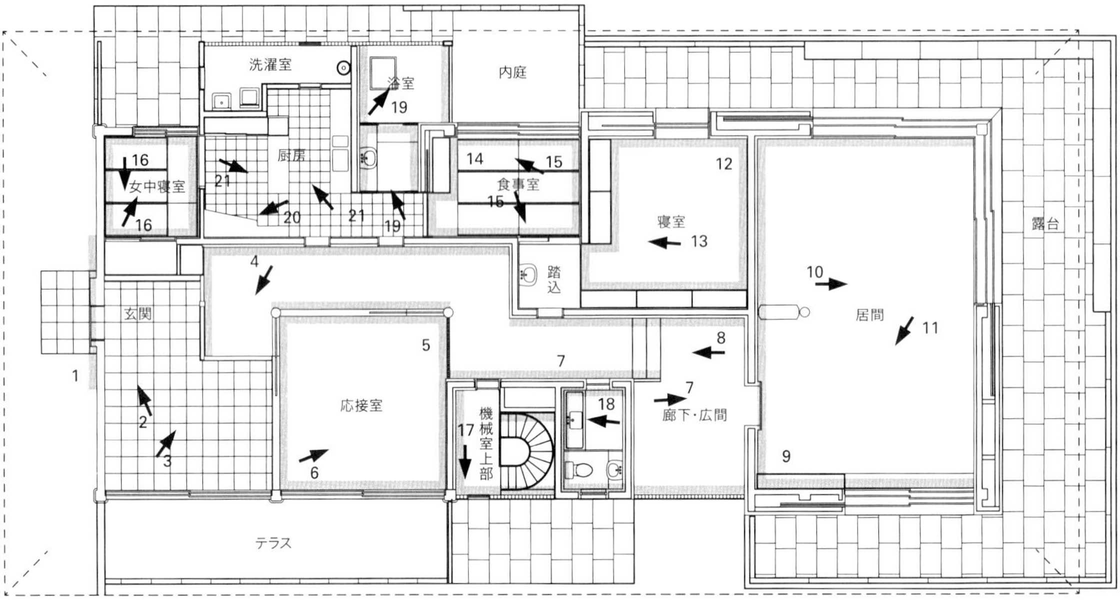

「芦屋山本邸」計画 平面（1962年）
各スケッチにおける透視図のビューポイント（矢印）と展開図の位置（グレー）

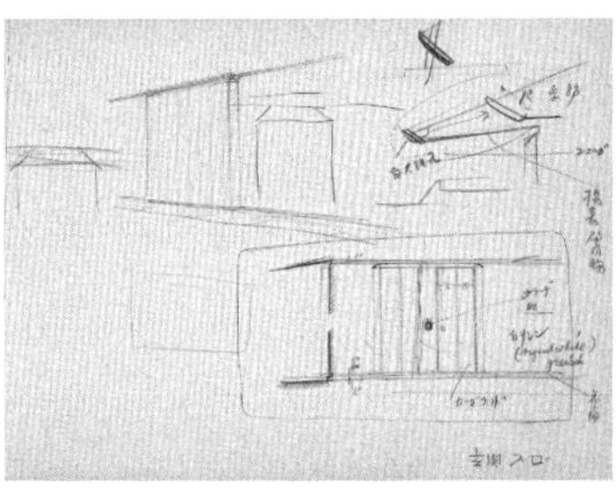
1 玄関入口

2 玄関−2

3 玄関−1

4 ホール

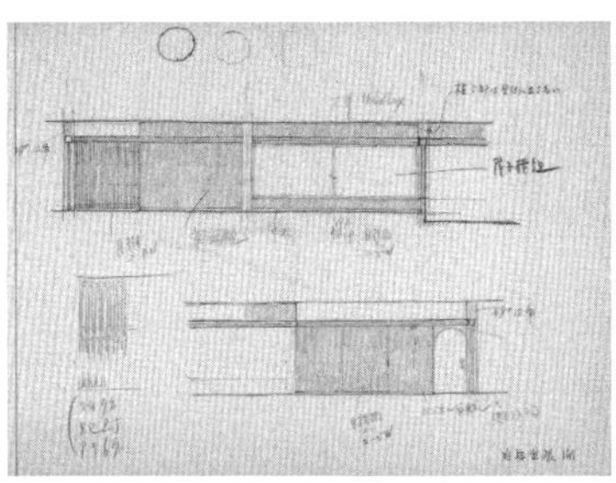
5 応接室展開

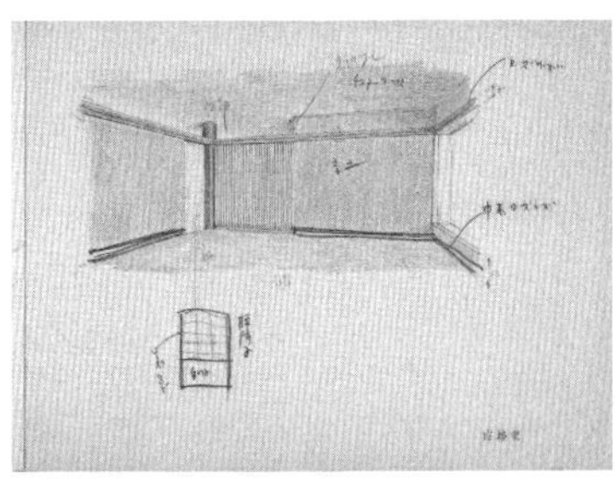
6 応接室

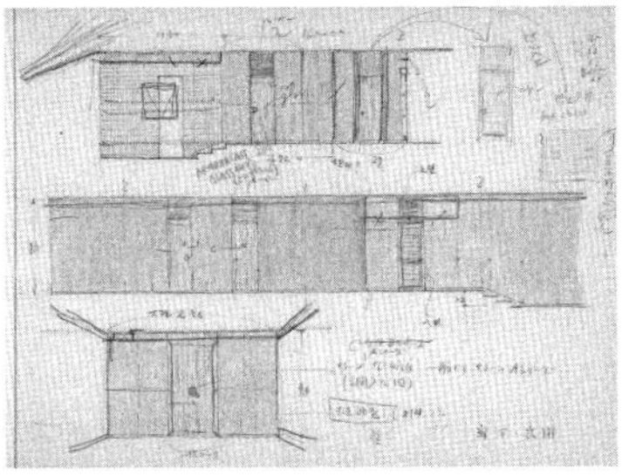

7 廊下・広間

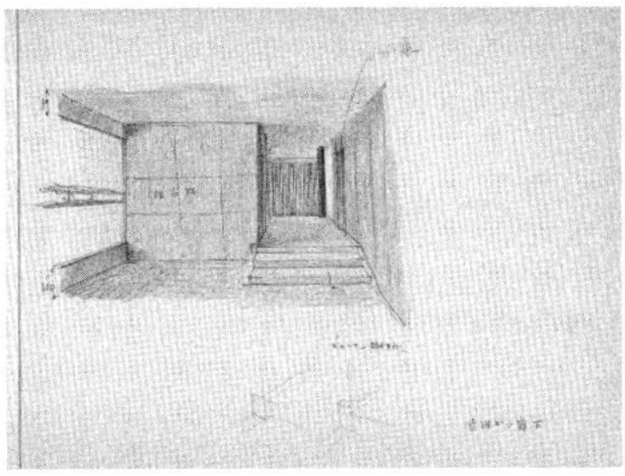

8 広間から廊下

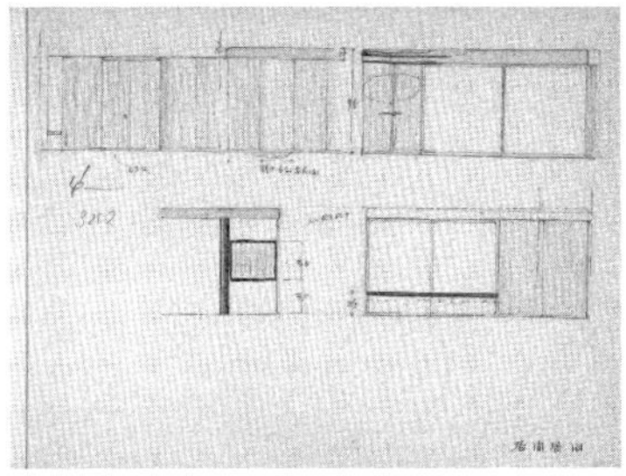

9 居間展開

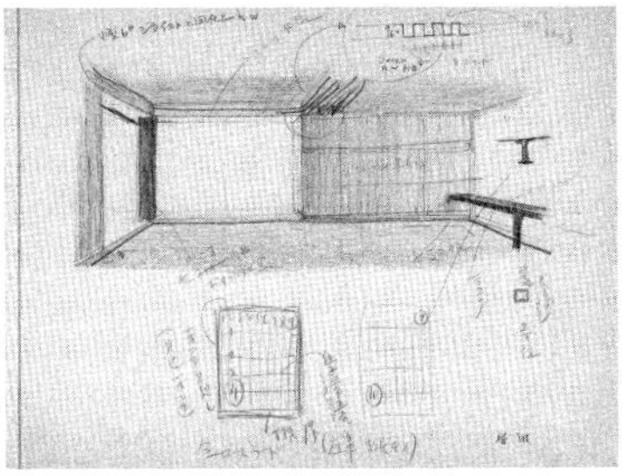

10 居間

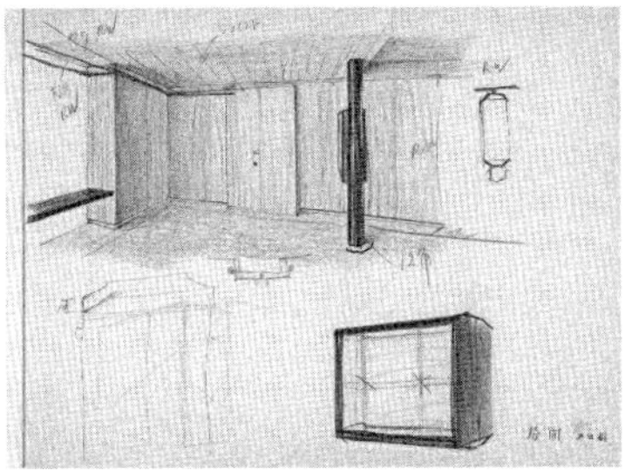

11 居間 入口側

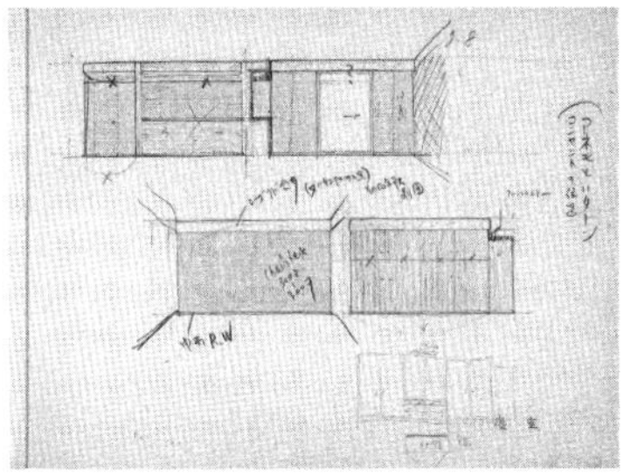

12 寝室

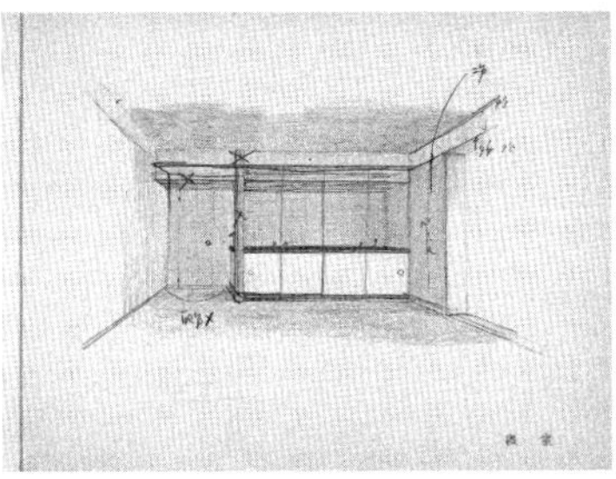

13 寝室

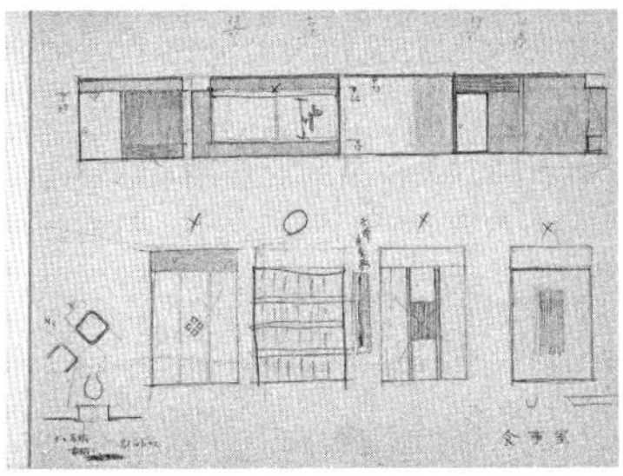

14 食事室

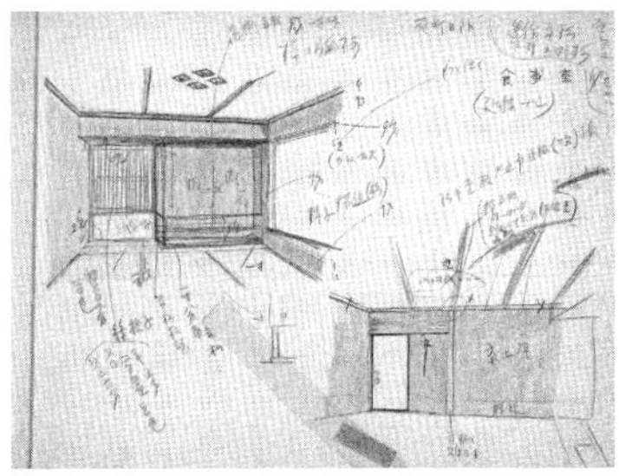

15 食事室

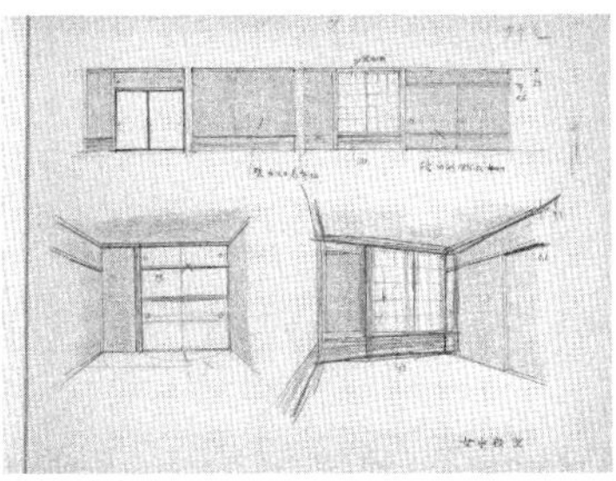

16 女中寝室

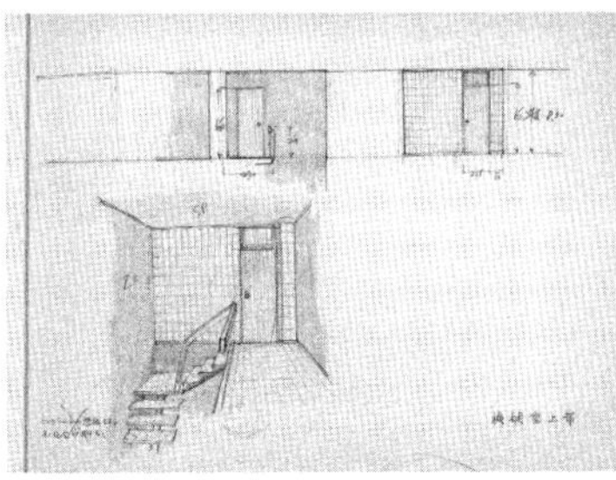

17 機械室上部

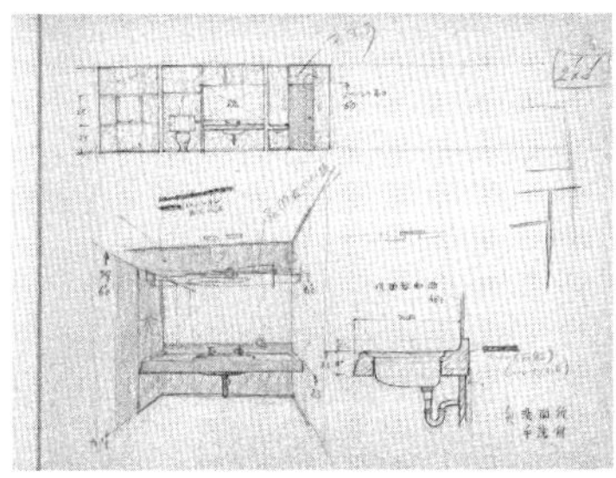

18 洗面所 手洗所

19 浴室・脱衣室

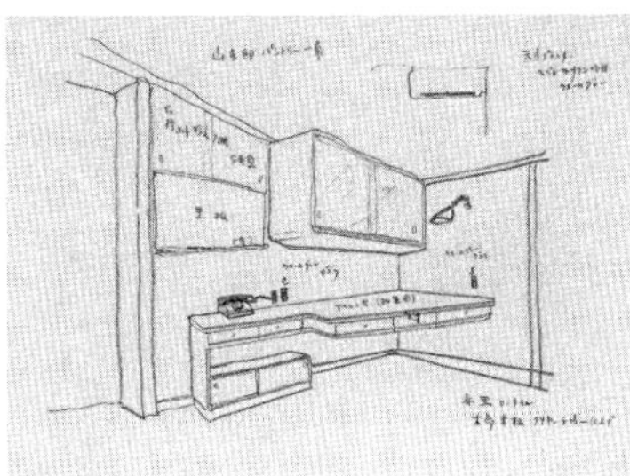

20 パントリー一角

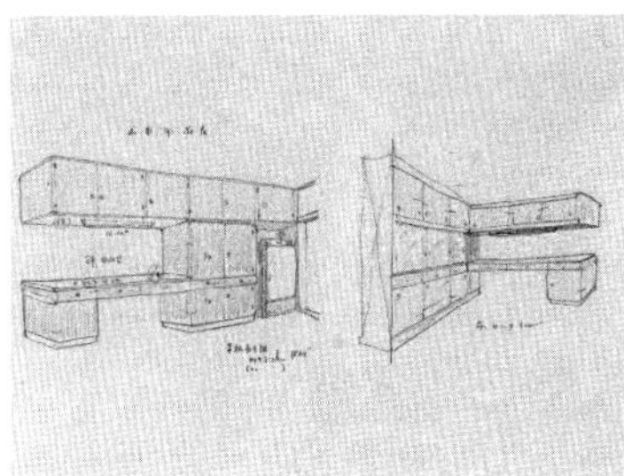

21 厨房

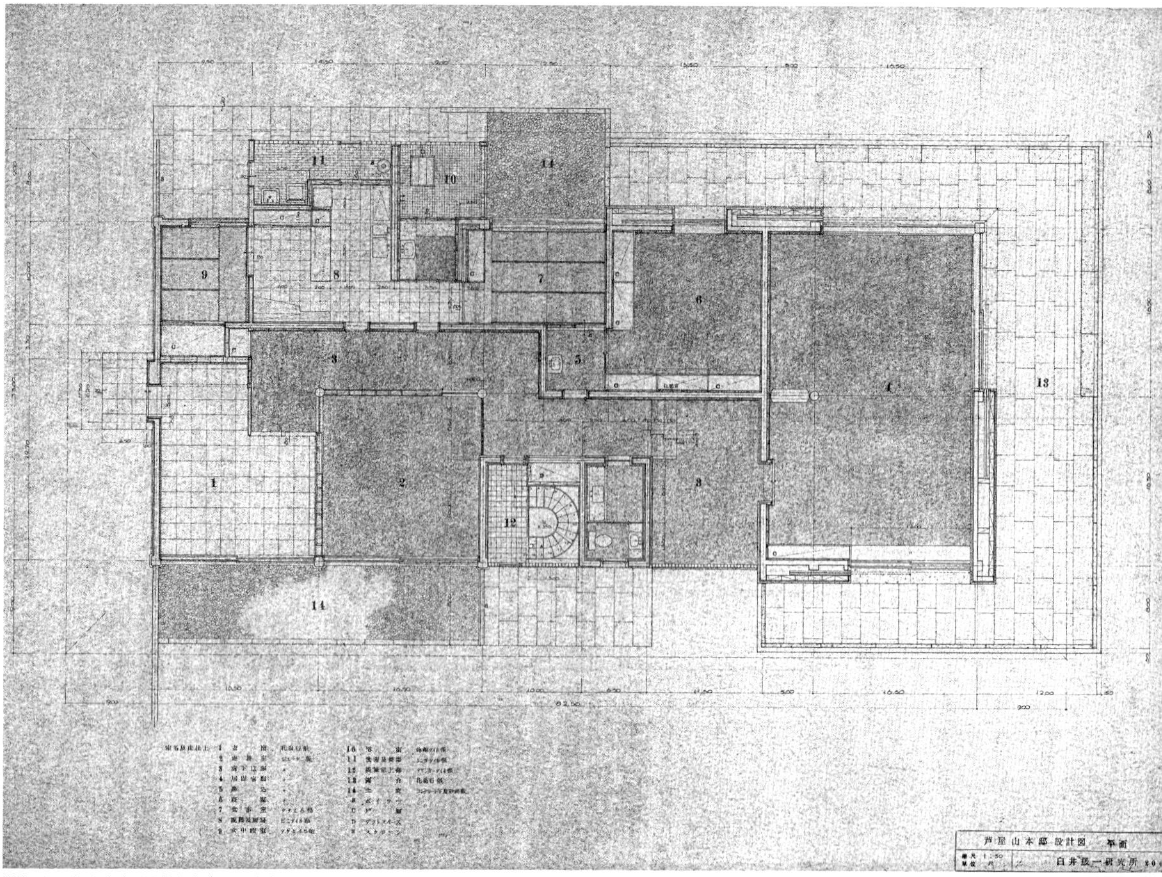

「芦屋山本邸」計画最終案(1962年)　平面

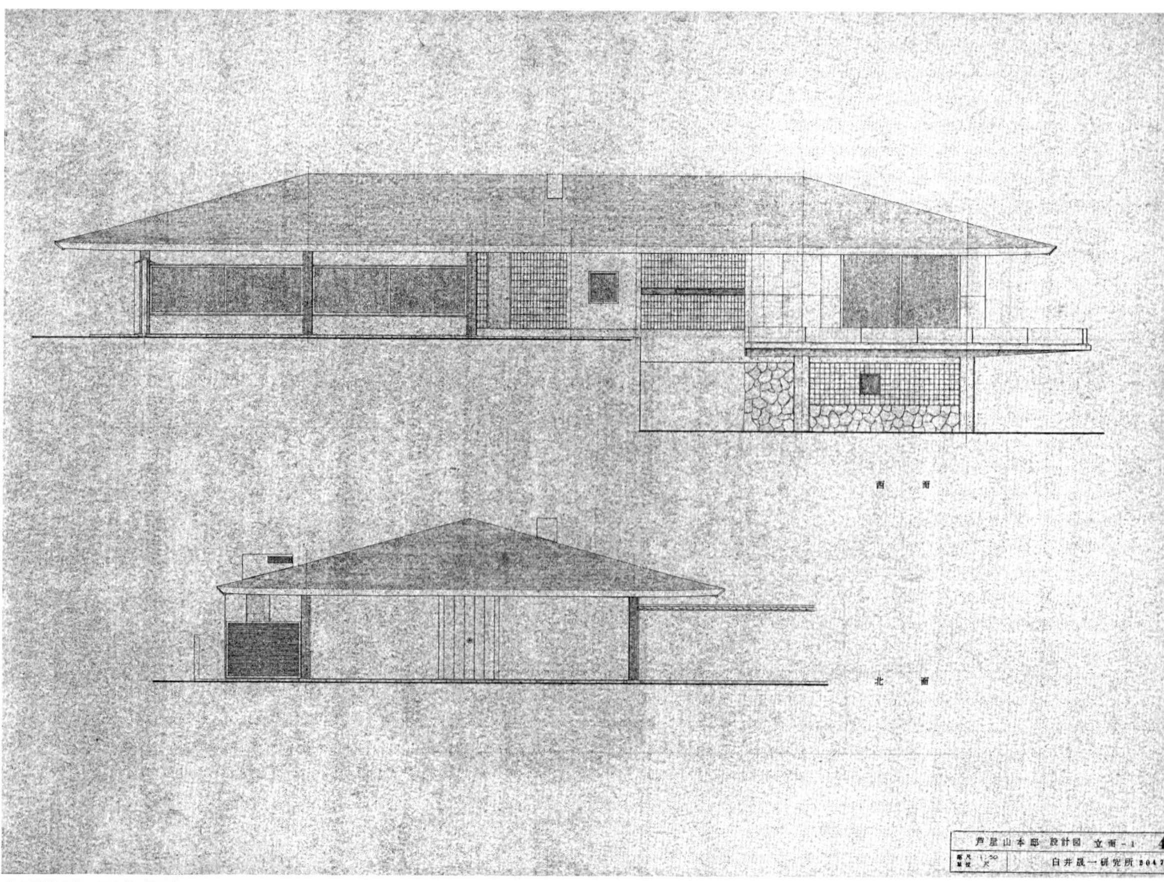

上:西立面　下:北立面

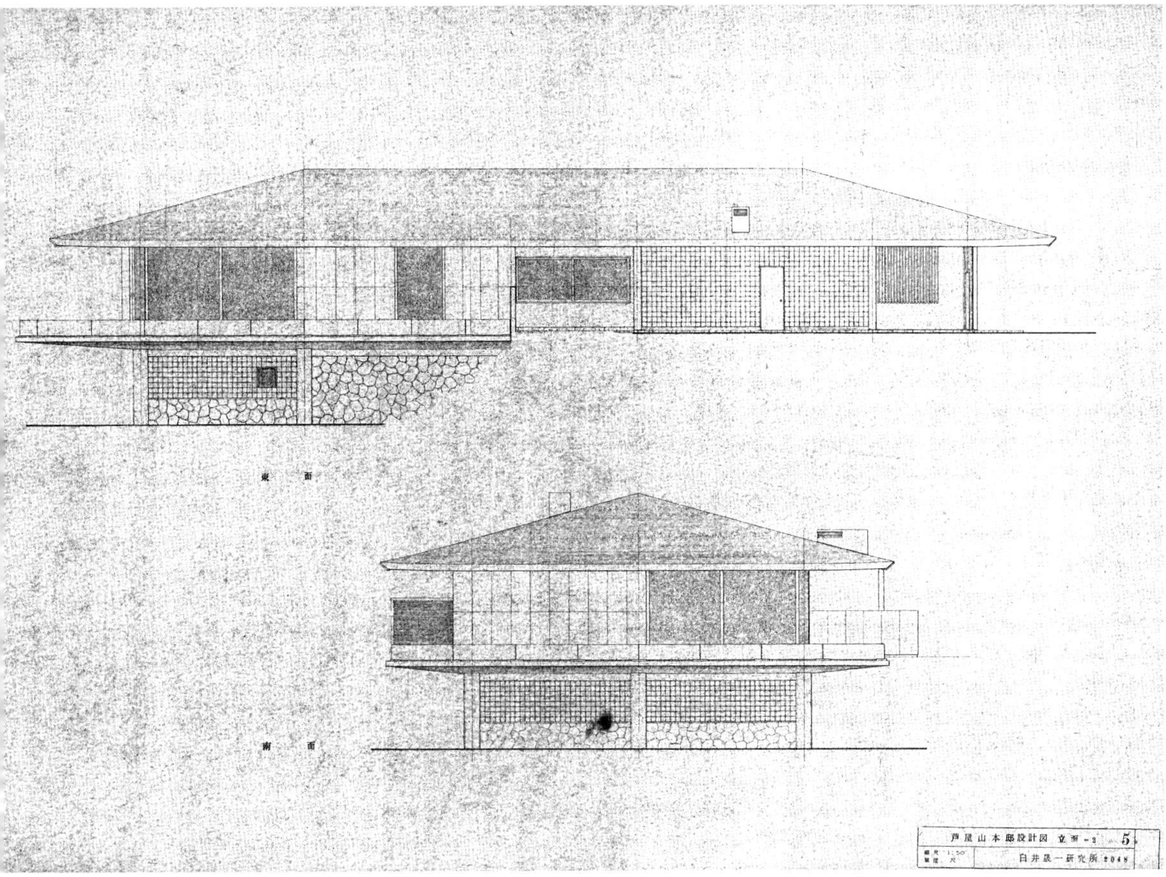

上:東立面　下:南立面

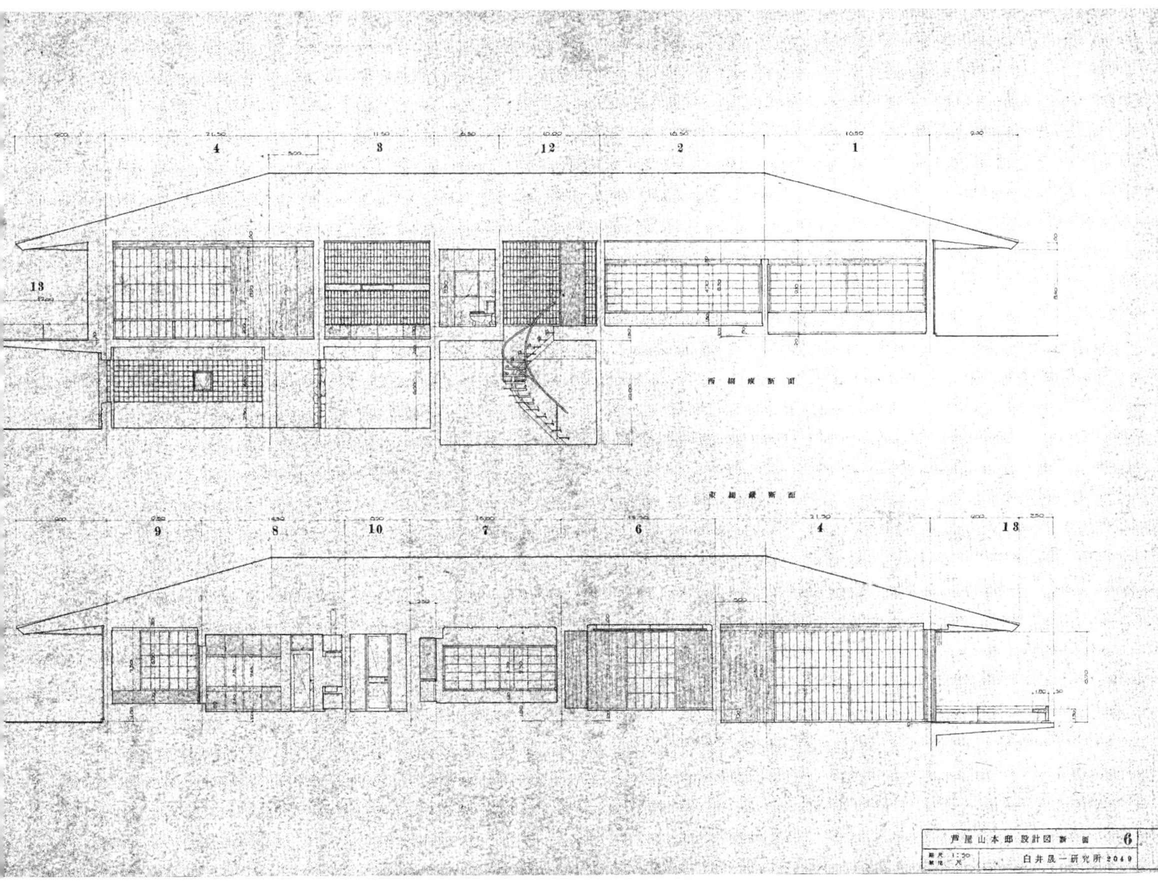

上:西側縦断面　下:東側縦断面

アトリエNo.5に残された建材のサンプルは少なくない。78頁に紹介したシラーゲ社の金物（箱入りのチャイム）、各章の扉カットの背景に写ったローズウッドの壁材など、白井晟一好みのマテリアルの名前は「芦屋山本邸」計画のスケッチにも登場する。

シラーゲ（SCHLAGE）：アメリカの金物メーカー。ドアノブなどを好んで使った。
ローズウッド：自邸「虚白庵」（1970年）でもブラジリアンローズウッドが中心で使われた。代替品として月桂樹も挙げているが、赤みが減じる。
ケニテックス：合成樹脂エマルション吹付け材の製品名。天井仕上げに用いられる。
ダルブロンズ、ダルクローム：鈍い、曇ったの意。抑えた雰囲気のテクスチャーを示す。
ジョイスト：根太、小梁の意。ここでは天井廻りの化粧小梁を示す。
葛布（くずふ）：耐水性のある布材。縦糸は綿・麻・絹など、横糸に葛の繊維を用いて織る。ここでは女中室の壁装材として計画された。

なお、山本邸が計画された1962年ごろには以下のような建築を手がけ、1960年には戦後初の渡欧を果たしている。

1958年　善照寺
1959年　四同舎（湯沢酒造会館）、増田夫妻のアトリエ
1962年　横手興生病院 病棟
1963年　浮雲 離れ、親和銀行銀座支店、親和銀行長崎大波止支店
1965年　呉羽の舎

83頁に紹介した日記は1960年の滞欧中につけていたものである。この旅を境として、要素をそぎ落としたストイックな従来の表現に、曲線を用いた柔らかさや装飾性（遊び）、エロチシズムが加味されていくようになったといえる。また20代で感じ、重くのしかかっていたヨーロッパという存在は、幻想だった部分もあることをこの旅で自覚し、その呪縛から解き放たれたようである。そして、よりどころとしていた道元の思想をあらためて見つめなおし、書に没頭していくのもこのころからである。

撮影
佐藤 嗣／Office Thelemitcs……………pp.05, 48, 77-85, 93, cover
白井晟一……………pp.86-91
白井彪弼……………pp.02, 99

協力
白井雅恵

英訳
水上健二

編集
川嶋 勝／鹿島出版会

造本・装幀
工藤強勝＋渡部 周／デザイン実験室

白井晟一　Seiichi Shirai
1905年京都生まれ。京都高等工芸学校図案科（現京都工芸繊維大学）修了後、ハイデルベルク大学およびベルリン大学で学ぶ。ヨーロッパでの経験と日本の伝統体験によって感性を培いながら、その教養と哲学により自身の心象風景を昇華させることで独自の建築作品を生み出した。書や装丁にも通じる。親和銀行本店（佐世保）にて日本建築学会賞、建築年鑑賞、毎日芸術賞、日本芸術院賞などを受賞。1983年逝去。上の写真は1977年1月2日、虚白庵にて姉キヨ、孫原多とともに。91頁の女性もキヨ。

白井彪弼　Hyosuke Shirai
1938年9月生まれ。1964年から1970年までウィーン大学およびウィーン応用芸術アカデミーで学ぶ。1970年より白井晟一建築研究所。

白井原多　Genta Shirai
1973年東京生まれ。多摩美術大学建築学科卒業後、設計事務所勤務を経て、2000年より白井晟一建築研究所。2007年には白井晟一設計の試作小住宅（1953年）を移築設計。

白井晟一の手と目

発行　2011年10月10日　第1刷

編者　白井原多

発行者　鹿島光一

発行所　鹿島出版会

〒104-0028　東京都中央区八重洲2-5-14

電話03-6202-5200　振替00160-2-180883

印刷　三美印刷

製本　牧製本

ISBN 978-4-306-04562-0 C3052

本書の内容に関するご意見・ご感想は左記までお寄せください。

URL: http://www.kajima-publishing.co.jp
e-mail: info@kajima-publishing.co.jp

造本設計データ

判型	天地257mm×左右182mm（B5判正寸）
総頁数	100ページ
製本	上製本、角背、ホローバック、みぞつき、本文糸かがり綴じ、見返しあり、 芯紙（ボール）・背芯紙:NPCC28号、
ジャケット	STカバー〈白〉、四六判、T目、130kg（日清紡ペーパープロダクツ） オフセット・4色刷（特色［マットスミ］+プロセス3色）
表紙	アラベール〈ナチュラル〉、四六判、Y目、110kg、菊判、T目、76.5kg（日清紡ペーパープロダクツ） オフセット・特色1色刷（DIC・2495）
見返し	OKブリザード〈オフセット〉、四六判、T・Y目、103kg（王子製紙）
本文	HSスノーフォース、B判、T目、84.5kg［四六判、T・Y目、87.5kgベース］（北越・紀州製紙） オフセット・1色刷（マットスミ）／2色刷（DIC C-106+DIC899）／プロセス4色刷
書体	秀英明朝L（大日本印刷） こぶりなゴシックW3（大日本スクリーン） Goudy Old Style Univers 55 Roman Univers 45 Light